A Morte não é o Ponto Final

Apenas um Ponto e Virgula

Paulo Gilberto Pereira da Costa

A Morte não é o Ponto Final

Apenas um Ponto e Virgula

Aliança

2ª edição, Abril/2016, do 6º ao 8º milheiro.

Título
A Morte não é o ponto final - Apenas um ponto-e-vírgula

Autor
Paulo Gilberto Pereira da Costa

Revisão
Arlete Barbosa Genari

Diagramação | Ilustração
Ariane Haas

Capa
Ariane Haas

Impressão
Assahi Gráfica e Editora Ltda.

Ficha Catalográfica

Dados Internacionais de Catalogação na Publ cação (CIP)
(Câmara Brasileira do Livro, SP, Brasil)

Costa, Paulo Gilberto Pereira da
A Morte não é o ponto final - Apenas um ponto-e-vírgula /
Paulo Gilberto Pereira da Costa.
São Paulo : Editora Aliança, 2016.

ISBN 978-85-8364-032-5

1.Espiritismo 2. Crônicas I. Título

CDD-130

Índice para catálogo sistemático

1. Espiritismo 130
2. Crônicas 130

Editora Aliança
Rua Major Diogo, 511 - Bela Vista - São Paulo - SP
CEP 01324-001 | Tel.:(11) 2105-2600
www.editoraalianca.com.br | editora@editoraalianca.com.br

Sumário

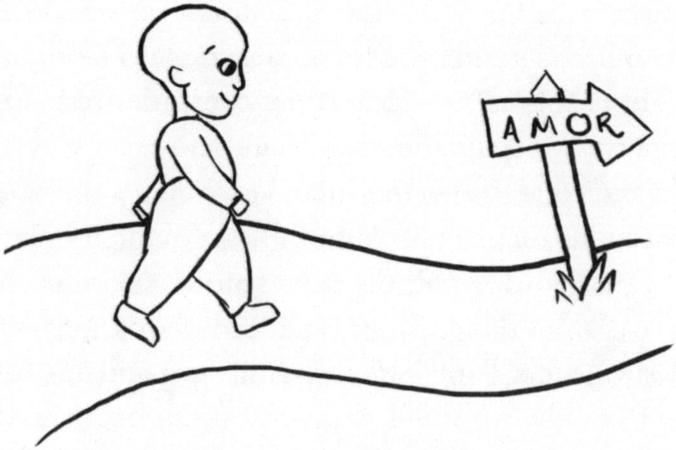

O Caminho do Amor

Cada dia que passa, surgem novos desafios em nossa trajetória evolutiva, alguns são transitórios, como a utilização de um corpo físico; outros, têm como referência nossa condição de imortalidade pessoal, que nos sinaliza uma pré-história, registrada nas súmulas de diversas encarnações.

Uma história presente, em pleno curso, e um futuro que se revela promissor em todos os aspectos de nossa vida, permitindo-nos acessar um mundo de renovadas possibilidades.

Acredito que tenho a oportunidade de compartilhar com os leitores, que passearem seus olhos por estas páginas, uma pequena parte da revolução que a Doutrina Espírita trouxe para a minha vida em todos os seus aspectos, fazendo com que houvesse uma mudança em minha agenda pessoal e trouxesse o tema "imortalidade da alma", do plano vago e indefinido para a certeza da imortalidade individual.

Ouso fazer uma sugestão: ainda que a nossa agenda diária esteja cheia, podemos abrir um lugarzinho nela para o cultivo dos valores do Espírito. Caso você vá a uma academia de ginástica, faça também a ginástica da alma que é a caridade. Se você dirige um automóvel, governe sua vida espiritual, seja um bom motorista. Cuide da sua casa da melhor maneira posível, mas, lembre-se, que o templo mais importante é o do Espírito, o nosso corpo. Use a vestimenta de acordo com o seu gosto, mas, por prudência, cultive a elegância de Espírito. Faça muitas viagens de avião, mas se mantenha na rota da sua encarnação. Aumente seu patrimônio material, mas faça dele um meio, um trampolim, para a vida eterna. Faça seguro de vida, é previdência; mas, desde já, viva uma vida segura espiritualmente. Não ignore a sua condição de Espírito encarnado, mas é de bom-tom investir no que é imortal e sobrevivente ao túmulo. Praticar esportes radicais com equipamentos de segurança é inteligente, mas desenvolver a segurança com os equipamentos do Espírito ativados é sabedoria. A graduação estudantil é atestado de competência material, no entanto a graduação do Espírito se faz na escola do mérito interior. Que, na nossa partida do mundo material, muitos chorem, mas que nós possamos sorrir!

Quando comecei a escrever este livro, pensei: Como ser original no desenvolvimento do tema morte, se muitos já o fizeram, e, diga-se de passagem, muito bem? Qual o caminho a seguir? Que opção escolher?

Busquei desenvolver o que tinha em mente. Simplesmente, não conseguia decolar os pensamentos, concatenar as ideias, organizar os temas. Tanto é que, no computador, tinha armazenado cerca de 45 temas, que eu acreditava serem afins ao assunto, mas ao colocá-los no cabeçalho da página, não sentia inspiração, minha mente ficava tão branca quanto a página aberta no computador.

Então, resolvi seguir uma outra linha de ação e, por meio de conversas travadas no cotidiano, de um artigo lido num jornal, e até mesmo da visita a um cemitério, foram surgindo ideias, partes de uma frase... inspirações que, no instante em que eu abria a tela do computador, acabavam se materializando.

Começaram também a chegar às minhas mãos, livros espíritas e não espíritas que tratavam do assunto e que acabaram servindo de ponte, para que se fizesse a conexão entre eu e a espiritualidade.

Digo a vocês que no começo fiquei meio relutante, achava-me incapaz de levar adiante tal projeto, mas uma noite em um sonho me foi dito: "Não seja tão pretensioso! O projeto, como você diz, não é seu. Considere-se um veículo dele, cabendo-lhe apenas procurar colocar-se em condições adequadas, para que a mensagem possa ser transmitida. Lógico que vamos utilizar o que você armazenou até agora, mas o "grosso" é feito do lado de cá. Apesar da sua teimosia, estamos lhe dando esta oportunidade. E como o livro não é para você, coloque-se no lugar de um leitor, pense no tipo de esclarecimento que gostaria de ter. Qual seria o seu ponto de partida? Quais seriam as estações (capítulos) do seu interesse? Qual abordagem seria motivadora para você? Como você se sente diante do assunto que vai desenvolver? Provavelmente estas questões sejam as mais importantes; somente depois de respondê-las com sinceridade, é que você saberá se se encontra habilitado ou não para a tarefa."

Pela manhã, acordei profundamente reflexivo e busquei, lá no fundo da minha alma, a resposta: Eu buscaria transmitir para as pessoas informações das quais não partilho sinceramente? Seria um exportador do conhecimento, sem ser um consumidor? Por que, afinal, sem coerência entre o interno e o externo, de que me valeria consolar, confortar, se não uso tal remédio em minha vida?

Dei uma pausa, meditei, ponderei, fiz uma retrospectiva de minha vida e cheguei à conclusão de que tenho me esforçado sinceramente para que o meu padrão de pensamento seja coerente com tudo que procuro transmitir nos capítulos que se seguem.

Meu reencontro com a Doutrina Espírita se deu naturalmente, tendo, primeiro, contato com as propostas contidas nas obras básicas. Quando as cito, é porque realmente seu conteúdo merece uma atenção toda especial, é ali onde me abasteço de informações e orientações, consolo e elucidações, inspirações e respostas.

Encontrando em *O Livro dos Espíritos* a Filosofia, em *O Livro dos Médiuns* a explicação sobre mediunidade, em *O Evangelho segundo o Espiritismo* a consolação, em *O Céu e o Inferno* a teologia espírita, e em *A Gênese* as respostas da Ciência, tive condições de atualizar meu cadastro espiritual para a Era do Espírito.

Sendo um tratado de sociologia cósmica, fortaleceu meus alicerces interiores, deu um sentido para a minha vida, dilatando-me a percepção para os períodos pré-encarnatórios e pós-encarnatórios, para além do que nos faculta o tênue discernimento material.

Muitos poderão pensar que eu escrevo sem ter vivido a experiência de uma desencarnação no âmbito familiar próximo, que estou longe da vivência real de tal situação.

Mas não é bem assim. No dia 24 de agosto de 1992, meu pai fez a transição para o mundo espiritual. Asseguro a vocês que, graças ao alicerce sólido que adquiri por meio do Espiritismo, pude absorver o impacto de tal momento, e a certeza da imortalidade não foi abalada.

Em casa, passamos a cooperar com ele com orações e vibrações. Busquei dar minha parcela de contribuição para que a sua adaptação ao mundo espiritual fosse a melhor possível.

Durante mais de oito anos mantivemos orações diárias. Até que as suas condições permitissem maior equilíbrio. Certo dia, por meio da psicografia, ele nos mandou algumas palavras, que entre outras coisas dizia ser muito grato por tudo que lhe enviávamos. É que na colônia para recuperação de alcoólatras, onde se encontrava, meu pai era o único que recebia da família pensamentos positivos, vibração amorosa e, nas lembranças a seu respeito, nunca estavam presentes a censura e a crítica.

Por isso e muito mais, senti-me impelido a escrever estas páginas introdutórias. Que elas sirvam de alento para os enfraquecidos na fé. Para aqueles que mantêm a esperança, que não a abandonem. E para quem a vida espiritual não tem sentido, que se dê uma oportunidade, afinal, por via das dúvidas, nada teremos a perder se a levarmos em consideração.

Encontrei o Espiritismo pelas vias luminosas do Amor, e pude transformar a dor em compreensão e aceitação. Que este seja o caminho de todos nós!

Hoje, posso incluir em meu currículo existencial a certeza de que a morte não é o ponto final; apenas um ponto-e-vírgula.

Paulo Gilberto

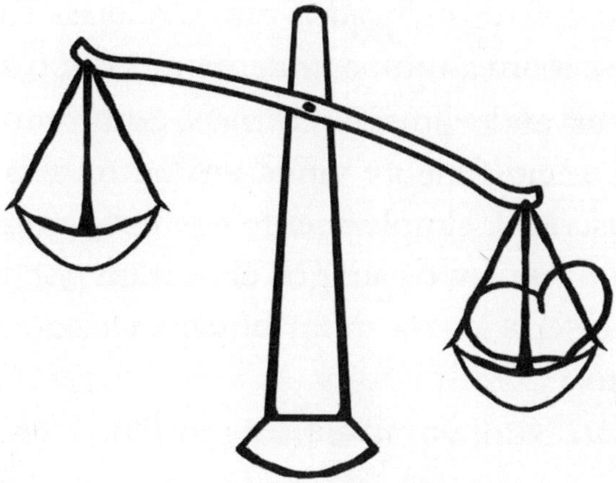

A Balança do Coração

Relata-nos uma lenda egípcia, que, certo dia, Satni e seu filho Senosíris estavam no terraço de sua casa quando ouviram gritos. Curiosos, correram para ver o que estava acontecendo e então notaram que se tratava da passagem de um cortejo fúnebre. Uma parelha de vacas puxava o carro que conduzia o corpo, carpideiras profissionais choravam, gemiam e gesticulavam teatralmente, levando as mãos à cabeça, em demonstração de desespero, enquanto os membros da família pranteavam o ente querido morto.

O falecido era um homem muito rico, senhor de muitas propriedades e detentor de considerável poder.

Atrás do cortejo, vinham seus servidores, trazendo alimentos, utensílios domésticos, mobílias, roupas, joias de ouro e colares colocados em bandejas. Todas essas coisas desceriam à tumba juntamente com o sarcófago.

Observando um pouco mais, Satni viu que atrás daquele cortejo fúnebre vinha um outro. Era o de um pobre miserável, simplesmente enrolado numa esteira. Nem a família nem os amigos choravam por aquele homem, que seria jogado num buraco, cavado nas areias do deserto.

Então, Satni virou-se para seu filho e comentou:

– Senosíris, quando eu morrer, permita que eu seja levado ao túmulo com dignidade, e não enrolado numa esteira.

– Espero que você parta como aquele pobre homem – respondeu-lhe o rapaz.

Indignado com a resposta do filho, Satni exasperou-se:

– Como pode um filho falar assim ao seu pai? Desejar-lhe destino tão inglório?

– Sei o que estou dizendo, meu pai. Venha comigo, que vou lhe mostrar o lugar ocupado por aqueles dois e muitas outras coisas.

Senosíris pegou o pai pela mão e os dois seguiram para a rua. Atravessaram o rio Nilo e tomaram o caminho das montanhas, a oeste. Num determinado local, os lábios do menino pronunciaram umas palavras estranhas e a fronteira que separa a dimensão material da espiritual se descortinou ante seus olhos, desvendando-lhes a sala das Duas Verdades, onde estavam os deuses que julgavam os mortos que ali chegavam. No centro desta sala havia uma balança, onde, num dos pratos, era colocado o coração do morto; no outro, a pluma de um avestruz. Nela se pesavam os méritos e deméritos da pessoa a ser julgada. Ai daqueles que tinham feito mais mal do que bem, felizes os virtuosos de coração leve, pois eles permaneceriam no reino de Osíris.

– Senosíris – murmurou Satni. – Estou maravilhado e perplexo. Explique-me, quem é aquele homem vestido de linho branco, perto de Osíris?

– É aquele homem pobre que você viu enrolado numa esteira, por quem nem a família nem os amigos choravam. Seu coração não pesou na balança. O tribunal decidiu que, em vista de suas boas ações e de seus méritos, ele receberia os trajes do homem rico, daquele cortejo luxuoso. Este último havia cometido tantas maldades, que o seu coração, de tão pesado, quase quebrou o prato da balança. Entende agora, pai, por que eu lhe disse que esperava que você partisse como aquele pobre homem?[1]

Temos nesta lenda egípcia uma riqueza de elementos, tanto de ordem material, como de ordem espiritual. Ela é uma narrativa com forte conteúdo moral, que poderá contribuir para que repensemos nossos valores, nossos sentimentos e nossas ações. Assim, certamente seremos bem-sucedidos em nosso programa pessoal reencarnatório.

[1] Vários autores. *As mais belas Lendas da Mitologia*. Editora Martins Fontes.

Dentro de uma visão ilusória e materialista, investimos, muitas vezes com grande sacrifício, na aquisição de um jazigo, que é uma sepultura mais sofisticada, mas que de modo algum fará diferença na ação da natureza durante o processo de decomposição da matéria. Do mesmo modo que aquele corpo depositado em um cemitério público, este também passará pelos mesmos processos de transformação orgânica, sem diferença alguma. Não importa se a urna funerária é ricamente ornamentada, ou de um padrão mais simples. A diferença está no Espírito!

Observando apenas a superfície da lenda anteriormente relatada, Satni conclui que o homem rico se encontrava em condições vantajosas, tendo por base uma avaliação exterior, pois todo o aparato que o acompanhava refletia sua condição social, sugerindo riqueza e dignidade. Por outro lado, considera indigno o pobre que já não tinha os mesmos aparatos exteriores, pois um corpo enrolado em uma esteira seria uma clara demonstração de indignidade.

Quando Senosíris diz ao seu pai que as coisas não eram como pareciam, ele fica surpreso. Ao adentrarem o reino do Espírito, encontram, na sala das Duas Verdades, a balança, que é um símbolo de equilíbrio, justiça e equidade.

Falando agora de nós. Como estamos nos preparando para retornarmos à vida além-túmulo? Estarão os nossos corações leves ou pesados? Opacos ou iluminados? Angustiados ou tranquilos? Estaremos transferindo realizações inadiáveis para um hipotético momento futuro, no qual encontraremos as nossas próprias obras, sem maquiagem, ou qualquer recurso de autoengano? Que tal se juntos navegássemos, pelos meandros do coração leve e suave, para que ele seja equivalente à pena de avestruz?...

André Luiz, no livro *Nosso Lar*[2], no final do primeiro capítulo, convida-nos a um transitar seguro: "Oh! Amigos da Terra! Quantos de vós podereis evitar o caminho da amargura com o preparo dos campos interiores do coração? Acendei vossas luzes antes de atravessar a grande sombra. Buscai a verdade, antes que a verdade vos surpreenda. Suai agora para não chorardes depois."

Surgem assim condições facilitadoras para a melhoria de qualidade em nosso modo de pensar, sentir e agir. Quando André Luiz diz: "Com o preparo dos campos interiores do coração", temos a frase com um teor plural, significando que são diversas áreas de ação, nas quais deveremos estar "aumentando o nosso poder de fogo", por meio do desenvolvimento de nossa capacidade de entendimento e de mudança comportamental.

Por exemplo: que tal dedicarmos alguns minutos diários de nossas vidas ao conhecimento dos nossos próprios sentimentos, como uma reflexão sobre um tema que ainda não dominemos; para nos dedicarmos ao nosso próximo, em gestos de caridade e a um encontro rotineiro com o nosso Criador?

---

[2] Francisco Cândido Xavier / André Luiz. Editora FEB.

Com tais ações conscientes, estaremos preparando "os campos interiores do coração", para que possamos nos candidatar ao coração ideal, que é aquele que infatigavelmente se dedica ao maravilhoso exercício de viver plenamente!

A proposta inicial é de apenas alguns minutos por dia, mas, à medida que formos nos envolvendo com este projeto, gradativamente iremos ampliando o seu envolvimento em nossa vida, até o dia em que espontaneamente amemos a Deus, a nós mesmos e ao próximo!

Todos os dias, milhares de irmãos nossos batem às portas do mundo espiritual. Cada um carregando sua bagagem, trazendo consigo a síntese das suas reais aquisições. Deixando o corpo carnal como uma veste que já não oferece condições de habitação ao seu usuário. Em todas as culturas, em todos os povos, religiões, filosofias, países, continentes, ilhas mais remotas, ou centros mais avançados, a saída do campo material se faz pela mesma porta, sem exceção.

Mas o coração leve faz uma diferença significativa, ele determinará a nossa real condição. Que estejamos preparados para este inevitável momento, cultivando em nós, de modo inteligente e verdadeiro, os mais nobres e puros sentimentos que o homem é capaz de armazenar em si.

Acendendo nossas luzes íntimas, os sentimentos que tornam o coração leve são o remédio mais eficaz contra o sofrimento, e ornamenta com o Amor a nossa entrada na pátria espiritual.

Deixemos de lado o medo da morte, que é apenas um ponto-e-vírgula, passando a ser cultores da vida plena e infinita, trazendo um coração rico de sementes férteis, para que os frutos da árvore de nossa existência sejam pródigos de qualidades e sabedoria.

Alguém Voltando

"Meu querido papai, não fique emocionado demais com essa mensagem, não vim aqui para deixar você triste. Eu vim aqui para lhe dar uma grande alegria.

Sabe, não pense em mim como se eu estivesse longe demais, que não pudesse sentir os seus pensamentos, ou esquecer você. Porque não é verdade!

Estou muito bem, saudável e cheia de vida e de saúde. É por isso que me trouxeram aqui. Estou lhe dando um abraço muito amoroso, igual àqueles que sempre lhe dava.

Nada mudou! Apenas não podemos nos ver, mas isso não quer dizer que deixamos de existir.

Acalme o seu coração! Seja alegre e procure se alegrar sempre.

Não posso dizer nada sobre a mamãe, porque ela continua sendo tratada, mas assim que voltar ao normal, certamente terá condições de também lhe enviar uma mensagem. Mas posso garantir que ela está bem amparada e cada vez mais bonita!

Dá um beijo e um abraço na minha irmã e procure lembrar sempre de mim e da mamãe com o coração cheio de alegria e não de tristeza ou desesperança.

Deus, papai, não fez nada errado. As coisas precisavam ser assim. Não adianta chorar por algo que era necessário.

Algum dia, mais para frente, vou voltar para dar outra mensagem. No momento, estou muito ocupada. Criança aqui tem muito que aprender também. Eu gosto de ser útil, e cada dia que passa, aprendo muito. Rezo por você e pela minha mãe, e por todos que ainda pensam em mim, e às vezes sinto falta.

Mas saiba que nunca vou deixar de amar vocês.

Um beijo, papai, com muito amor!

Malú "[3]

Esta mensagem é de uma menina que desencarnou aos 3 anos de idade, juntamente com sua mãe, atingidas por um ônibus desgovernado que, avançando pela calçada, no dia 5 de julho de 2004, promoveu o retorno delas à Pátria Espiritual.

---

[3] Mensagem recebida em 02 de setembro de 2004 no grupo de psicografia do Centro Espírita Aprendizes do Evangelho – Vila Manchester, São Paulo/SP.

Ela é "alguém voltando" para transmitir ao seu pai, Fernando Cabreira, e ao seu avô Nilson, reconforto aos seus corações.

É a confirmação de que tudo o que Allan Kardec nos traz em sua notável pesquisa, sobre a imortalidade do Espírito, deve merecer de nossa inteligência uma atenção especial.

Ele nos sinaliza que: "para bem conhecer uma coisa, é preciso tudo ver, tudo aprofundar, comparar todas as opiniões, ouvir os prós e o contras, escutar todas objeções e, finalmente, só aceitar aquilo que a mais severa lógica pode admitir..."[4] Somente assim, poderemos emitir conceitos sobre o assunto.

Quando argumentamos contra a continuidade da vida, a imortalidade do Espírito e afirmamos a impossibilidade da comunicação entre eles e nós, a perda da individualidade, a não continuidade dos laços afetivos... Nós o fazemos sem a aplicação, primeiramente, do "é preciso tudo ver." Com tal atitude, poderíamos pesquisar e avaliar, analisar e comparar, tirando deduções lógicas e coerentes, para finalmente formular um conceito que, segundo a *Grande Enciclopédia Larousse Cultural*, significa: "ideia ou objeto concebido pelo Espírito ou adquirido por ele, e que permite organizar as percepções (por meio dos órgãos dos sentidos) e os conhecimentos," favorecendo sobretudo o alargamento de nossos horizontes de entendimento e compreensão.

Isso promove um distanciamento saudável do preconceito, que pode ser traduzido como julgamento fa-

[4] Revista Espírita, setembro de 1860. Editora Edicel, pág. 270.

vorável ou desfavorável relativo a alguém ou a algo, formado de antemão, a partir de certas circunstâncias, fatos e aparências. Trata-se de opinião adotada sem exame, muitas vezes imposta pelo medo, que contribui bastante para ficarmos marcando passo, em plena era do Espírito!

O corpo é apenas a superfície do Espírito, a aparência, o aspecto mais visível, aqui na vida material. Somente por meio do aprofundamento, ou seja, do exame meticuloso, detalhado, é que poderemos navegar com sucesso pelos mares da vida e encontrar a confirmação de que o Espírito se projeta, muito além da alfândega da desencarnação.

Uma boa ideia resiste a qualquer comparação, às opiniões confrontadas, colocadas lado a lado, para que a nossa dedução se baseie em alicerces consistentes, coerentes e plausíveis. As ideias espíritas preenchem tais requisitos, favorecendo o soerguimento do edifício inabalável da fé raciocinada, da construção, da realização e da conquista do Espírito.

Quando alguém diz que "ninguém voltou para contar", ignora os milhares de pessoas que, por meio da psicografia, entraram em contato com outros milhares de seres do outro lado da vida. São mensagens ricas de informação e orientação, conforto e consolo, esclarecimento e elucidação, incentivo e ternura, afeto e mudança de perspectiva de vida.

São milhares de obras psicografadas que circulam pelas mãos das pessoas, atingindo os olhos, passando pelo cérebro, e chegando ao coração, trazendo o sopro da renovação para corações dilacerados nos labirintos da dor, resgatando das garras do desespero, muitos pais e mães.

Muitos de nós podemos nos fazer surdos de Espírito, buscando fechar os nossos ouvidos aos ecos do além-túmulo, mas eles não cessarão. É a voz da verdade, que busca nos libertar das cavernas da ignorância e do medo, para que saiamos para a plenitude da luz.

Em *A Gênese* (capítulo I, item 20), de Allan Kardec, encontramos ideias que são primorosas:

"Só o fato da possibilidade de se comunicar com os seres do mundo espiritual tem consequências incalculáveis da maior importância; é todo um mundo novo que se revela a nós e que tem tanta importância, quanto mais atinge todos os homens, sem exceção.

Esse conhecimento, ao se generalizar, não pode se furtar de trazer uma modificação profunda nos costumes, no caráter, nos hábitos e nas crenças que uma tão grande influência têm sobre as relações sociais. É toda uma revolução que se opera nas ideias, revolução tanto maior, tanto mais poderosa, quanto não está circunscrita a um povo, a uma casta, mas que atinge, simultaneamente pelo coração, todas as classes, todas as nacionalidades, todos os cultos".

Sintamos a grande abrangência que a Doutrina Espírita traz em seu bojo, cuja base de revelação é esse mundo espiritual. Seus princípios visam a libertação da consciência humana, dos limites estreitos até agora traçados pelo medo, pela dúvida e pela negação.

Sendo uma doutrina inclusiva, com uma abrangência magnífica, dentro dela pode-se acomodar quem quiser.

Sinaliza para a nossa consciência que podemos substituir o medo pela luz do conhecimento, a dúvida pela certeza e a negação pelo sim construtivo.

A vida continua pujante em seu ciclo ininterrupto, dentro do qual nos encontramos para transformar nossas crenças em vivência, deslocando nossa órbita existencial para os valores do Espírito, que se sobrepõe à matéria.

É uma sábia atitude deixarmos de lado as ideias vagas e indefinidas do materialismo, que pouco contribuem para o bem-estar do Espírito, e avançarmos mundo espiritual adentro, mergulhando no oceano da imortalidade gloriosa.

A mensagem da pequena Malú é "alguém voltando", numa manifestação clara, da imortalidade pessoal de cada um de nós, e de que os laços afetivos persistem além-túmulo, pois estão radicados no Espírito.

É necessário que desenvolvamos uma educação para a vida, uma educação cuja abrangência inclua o homem integral, que cada um de nós é em nossos aspectos físico, mental, emocional e espiritual, permitindo-nos a erradicação em nossas existências da posição de parciais na vida. E quando alguém nos disser que ninguém voltou para dizer como é do outro lado, que possamos responder: – Eu não acredito. Eu sei!

Sustenta a luz da fé raciocinada como luz para os seus pés, claridade para os seus olhos, música para os seus ouvidos, sabor para o seu paladar, sensibilidade para o seu tato, alimento para o seu coração, vencendo a morte, reduzindo-a a um ponto-e-vírgula.

Repórter do Além-Túmulo

Imaginemos uma caverna subterrânea, com uma larga entrada aberta para a luz, e alguns seres humanos que ali se encontram desde a infância, acorrentados pelo pescoço e pelas pernas, atados uns aos outros de tal maneira, que somente podem olhar para frente, onde há uma parede.

O único contato que têm com a luz provém de uma fogueira que arde do lado de fora, e que projeta, para o seu interior, as sombras de pessoas e objetos que passem entre essa fogueira e a entrada da caverna.

Esse local ainda tem um eco na parte da frente, que reforça, para os prisioneiros ali retidos, a convicção de que as sombras falam, e como as veem projetadas na parede, as tomam como a única verdade, a realidade do seu mundo.

Em um dado momento, um dos prisioneiros é libertado das correntes e conduzido para fora da caverna. Logicamente tem que se adaptar à nova realidade, de maneira gradativa, diante daquele novo universo que se lhe descortina: primeiro as sombras, que já dominava; depois as imagens de homens e outros objetos refletidos na água, e então olha-os diretamente. Erguendo os seus olhos para a lua, as estrelas, e finalmente para o sol, percebe a grandiosidade da vida fora da caverna, começa a raciocinar sobre tudo que o cerca, pisa o solo, entra na água, repara as pessoas, olha ao redor, vê os pássaros, encontra animais, descobre as flores e os espinhos. Tudo que ali está presente supera em muito a sua imaginação, deixando-o boquiaberto, maravilhado.

Uma manhã, lembra-se dos seus antigos companheiros da caverna e para lá retorna, no desejo de compartilhar com eles as descobertas realizadas, para que possam também ter a oportunidade de descobrir outra realidade, muito mais rica e qualitativa.

Mas como todo pioneiro, sua missão não será das mais fáceis. Na sua dificuldade em se acostumar novamente à semiescuridão, tropeça ali, tromba com um companheiro acolá, enrosca-se na sua antiga corrente... Logicamente é ridicularizado pelo grupo, pois os prisioneiros da caverna ainda acreditam na sua realidade e concluem, diante das evidências, que o prisioneiro libertado volta com dificuldades maiores, pois além de enxergar menos que antes, chega contando histórias esquisitas, estranhas a respeito de uma realidade utópica.

Chegam à conclusão de que continuar na caverna é muito melhor; as sombras já são conhecidas. Ali eles se movimentam com segurança. Para que se aventurar, em um mundo melhor, porém desconhecido?

Mas, segundo pessoas que passaram pela caverna há pouco tempo, corajosamente o "iluminado" continua com seu trabalho de vencer resistências com paciência e determinação, mantendo-se fiel aos seus ideais de busca da evolução e de descobrimento de novos horizontes para ele e seus semelhantes...

Semelhante parábola foi extraída de um livro de Platão, *A República*, pois ela tem uma conexão profunda com a missão que Allan Kardec, cujo nome verdadeiro era Hippolyte Léon Denizard Rivail[5], desenvolve em plenitude, ações voltadas para a educação do Espírito imortal.

O povo da caverna pode ser comparado a nossa humanidade, ainda profundamente vinculada aos aspectos materiais da vida.

Mas essa condição é transitória, pois pela Lei do Progresso, que se encontra no capítulo 8 do Livro Terceiro de *O Livro dos Espíritos*, na resposta à questão 781, temos uma afirmação do nosso mais alto interesse:

---

[5] Nota da editora: Sobre a grafia do nome de Hippolyte Léon Denizard Rivail, veja o livro *Entendendo o Espiritismo*, autores diversos, Editora Aliança, 2ª ed., 4ª reimp., pág. 28.

"O progresso é uma condição *sine qua non* da natureza humana; não há poder que se lhe oponha. É uma força viva que leis retardatárias podem pretender estagnar, mas não sufocar."

A expressão latina *sine qua non* é utilizada para designar uma condição indispensável, essencial.

Allan Kardec faz o papel do "iluminado", que, saindo da caverna, observa um panorama riquíssimo de conteúdo e possibilidade. Em uma atitude de compartilhar, volta para junto dos seus companheiros da caverna, para dividir com eles os tesouros do infinito. Dentro de critérios lógicos e racionais, ele ergue um magnífico edifício doutrinário, pois inaugura para nossa humanidade a era do Espírito.

Corajosamente se lança a campo com ponderação e bom senso. Em 1855, na residência da Sra. Plainemaison, numa terça-feira de maio, à noite, ele entra em contato com as mesas girantes, e ali tem início a compreensão da invasão organizada dos Espíritos, que vêm se anunciar e trazer notícias alvissareiras, "matando" a morte e anunciando a vida pujante e bela em todos os quadrantes do Universo.

Desse modo, disponibiliza para todos nós, encarnados e desencarnados, instrumentos de navegação segura, expandindo os nossos limites para além das acanhadas possibilidades da vida material, favorecendo-nos a sintonia para que vivamos afinados com as divinas leis; para que desenvolvamos a sincronização, ou seja, o ajustamento aos divinos desígnios.

Quando rejeitamos algo que não conhecemos, está em atividade a senhora Ignorância. Como exemplo, tomemos a questão da vida no Além. Somos criados dentro de uma cultura que gera imagens assustadoras, fortalece o medo, solidifica os tabus, cerca-nos de preconceitos, sustenta os dogmas limitadores. Nós, que estamos reencarnados aqui no Ocidente, temos nossa base espiritual no alicerce judaico-cristão, em que existe um sufocamento de aspirações que superam tais limites, e o nosso subconsciente deve estar recheado de tais informações, através das vidas sucessivas.

Temos a nossa frente Allan Kardec, bandeirante emérito, que utilizando-se de médiuns (intermediários entre os espíritos desencarnados e os encarnados), faz o primeiro trabalho de reportagens do além-túmulo, estabelecendo um diálogo com os ditos "mortos", que revelam uma vivacidade ímpar e colocam por terra dogmas milenares, abrindo um canal que nunca mais se fechará: o canal da comunicabilidade entre a dimensão física e a dimensão extrafísica, o contato entre encarnados e desencarnados.

Em *O Céu e o Inferno* ou *A Justiça Divina segundo o Espiritismo*, lançado em agosto de 1865, por Allan Kardec, em sua segunda parte, temos numerosos exemplos acerca da situação real da alma após a morte do corpo físico.

As suas reportagens são realizadas, não com personagens ilustres, mas sim, com Espíritos em condições similares às nossas, para que pela comparação observemos os pontos que temos em comum, as qualidades que necessitamos aprimorar, quais hábitos salutares devemos nos esforçar para adquirir.

Campo vivo das consequências, realidade da semeadura pessoal de cada um de nós, sem retoques, enganos, fantasias, ali encontramos desnudas as faces ocultas da individualidade imortal.

Ao longo de 67 entrevistas, ele vai nos mostrando quem são os moradores da próxima dimensão, qual o seu perfil mental e emocional, psicológico e espiritual, qual é a sua tabela de valores, quais são seus afetos e desafetos, frustrações e alegrias, esperanças e aspirações.

Na condição de Espírito criado por Deus, somos únicos. É francamente incompatível com os códigos da Justiça Divina qualquer posição que fira os direitos inalienáveis do Espírito, e um deles é o direito à felicidade, que conquistaremos no tempo e no espaço.

O propósito do aprendizado é crescer. O nosso corpo físico, em uma determinada fase, cessa de crescer; mas diferentemente do nosso corpo, o Espírito que o movimenta se projeta para além da matéria, continua crescendo, até atingir a perfeição. Fatalismo divino para todos nós, sem exceção, sendo o "ponto-e-vírgula" da morte, um importante detalhe.

Estação de Desembarque

Bilhões de seres humanos já desencarnaram e devolveram à Terra os elementos orgânicos e inorgânicos que constituíam o corpo físico. Nós, que neste momento percorremos com os olhos estas páginas, podemos tranquilamente nos incluir dentre os bilhões que futuramente farão a transição, que sendo absolutamente inclusiva, abrange a todos, sem qualquer distinção.

Em nosso Planeta, a saída se dá com o corpo na horizontal, mas como fica a linha vertical do destino dos bilhões de Espíritos que utilizaram tais vestes? Encontrarão os muçulmanos os jardins de Alá, no Céu, com sete andares, ou Inferno, com sete subdivisões? Os umbandistas encontrão sua sagrada Aruanda? Dante Alighieri nos traz notícias expressivas do Inferno, do Purgatório e do Céu; para onde iremos?

Do excelente livro *Roteiro*, psicografado por Francisco Cândido Xavier, de autoria espiritual de Emmanuel, em seu capítulo 11, transcrevemos o seguinte trecho:

"Em todos os tempos, o homem sonha com a pátria celestial. As ideias de céu e inferno jazem no pensamento de todos os povos.

Os indígenas da América admitem o paraíso de caça abundante e danças permanentes, com reservas inesgotáveis de fumo.

As tribos maori, que cultivam a guerra, por estado natural de felicidade, esperam que o céu lhes seja uma rinha eterna, em que se digladiem, indefinidamente.

Entre os hindus, as noções de responsabilidade e justiça estão fortemente associadas às ideias da sobrevivência. De conformidade com a crença por eles esposadas, nas eras mais remotas, os desencarnados eram submetidos às apreciações do Juiz dos Mortos. Os bons seriam destinados ao paraíso, a fim de se deliciarem, ante os corpos celestes, e os maus desceriam para os despenhadeiros de Varuna, o deus das águas, onde se instalariam em câmaras infernais, algemados uns aos outros, por laços vivos de serpentes.

Os assírios - caldeus – supunham que os mortos viviam sonolentos em regiões subterrâneas, sob amplo domínio das sombras.

Na Grécia, a partir dos mistérios de Orfeu, as concepções de justiça póstuma alcançam grau mais alto. No Hades terrificante de Homero, os Espíritos são julgados por Minos, filho de Zeus.

Os gauleses aceitavam a doutrina da transmigração das almas e eram depositários de avançadas revelações da Espiritualidade Superior.

Os hebreus localizavam os desencarnados no "scheol", que Job classifica como sendo "terra de miséria e trevas, onde habitavam o pavor e a morte".

Emmanuel nos faz uma bela introdução sobre a fé religiosa e sua poderosa influência sobre a imensa maioria da Humanidade.

E aqueles que não professaram nenhuma "crença oficial", encontrarão algum amparo? Haverá algum departamento que os acolha? Haverá defensoria espiritual? Apenas os crentes que componham os quadros estatísticos das religiões farão jus aos benefícios? Onde se localizarão os materialistas? E os ateus?

São questões que merecem a nossa análise, pois tal desembarque não pode ser excluído do nosso processo evolutivo. Este é o momento para estarmos refletindo que, ao embarcarmos na vida carnal, via encarnação, já vem incluso no pacote a cláusula que trata da nossa saída pelo desembarque no mundo espiritual, que já tem nosso prévio consentimento. Podemos até discordar, mas é verdade.

Certamente o quadro pintado pelas religiões, com "r" minúsculo – pois infelizmente contribuem para que mantenhamos a condição de crianças espirituais, amedrontados e inseguros –, promove a desmobilização de nossa condição de filhos de Deus e colabora para que nos sintamos órfãos do Divino Amor, sem capacidade e condições de podermos tomar deliberações interiores que facilitem a nossa identificação com o mundo espiritual, berço primeiro de todos nós.

Então, temos como alternativa usarmos uma alavanca que multiplica em muitas vezes a nossa capacidade de ação. Estamos falando da vontade gerente que pode ter os adjetivos boa ou má, que surge secundando a razão.

Com a associação da vontade e razão, podemos ampliar os patrimônios (inalienáveis e intransferíveis) da evolução e da cultura, que exigirá de nossa parte disposição para aprender, motivação para atingir a condição do "homem novo", começando pela renovação do vocabulário, trocando, por exemplo, morte por desencarnação; perda, por separação temporária; adeus, por até logo. Avançarmos pelo campo da transformação das ideias, para chegarmos na região do sentimento iluminado pela irradiação da certeza que nos facilitará, em muito, a manutenção da imaginação que, associada à vontade, fará de nossa existência aqui ou no Além, uma fonte mantenedora do ideal que representa as aspirações mais altas da consciência.

Quando meu pai desencarnou, no dia 24 de agosto de 1992, pude sentir o quanto os ideais reanimados em mim pelo Espiritismo são valiosos. Pelo pensamento, compartilhava com ele as chamas desse ideal despertado. Por meio das vias da sensibilidade, podia enviar-lhe irradiações, repletas daquele conteúdo que existe em mim, pois tenho a certeza de que ele se mostra sensível a essa manifestação. Motivava-lhe o despertar dos bons propósitos e aspirações, tendo a convicção da continuidade do processo evolutivo, e também do aprimoramento da cultura, por meio do estímulo espiritual. Assim, pude ajudá-lo em sua reintegração no berço da vida.

André Luiz nos relata em seu livro *Nosso Lar*[6], como se deu o seu desembarque. Ao longo dos 50 capítulos que constituem a obra, nós vamos descobrindo as várias nuanças que o mundo espiritual nos propicia. Comigo se deu uma coisa interessante. Como sempre gostei de ficção científica, por volta dos 15 anos, chegou-me às mãos um exemplar desse livro. Curioso, li todo o seu conteúdo e achei as ideias ali expostas interessantes, mas pensei: "Que livro gostoso de ler! Que bom, se tudo o que aqui está escrito fosse verdade, pena que é ficção científica."

Somente com uma segunda leitura, consegui entrar naquele universo de informações, já me identificando com o que ali estava contido, abrindo-me um campo de perspectivas muito interessantes.

Desde o seu desembarque até ser aclamado cidadão de *Nosso Lar*, André Luiz vive experiências, passa por situações que visam, acima de tudo, fazer um chamamento para que observemos como anda a nossa pre-

---

[6] *Op. Cit.*

paração, para lidarmos com a transição de quem amamos, como as de quem não gostamos e, principalmente, com a nossa.

O seu passaporte espiritual não lhe oferecia os requisitos mínimos necessários, para que a alfândega da vida espiritual permitisse o seu trânsito livre rumo aos ambientes da espiritualidade superior.

André Luiz é o representante da grande classe média da Humanidade. Ele nos diz: "A existência terrestre, que a morte transformara, não foi assinalada de lances diferentes da craveira comum"[7], a sua medida foi a da espiritualidade de superfície, a sua bitola foi a do comodismo pernicioso, a sua estatura espiritual ficou na medida do convencional.

Nada se realiza de improviso; quando vemos um acrobata realizar suas exibições no palco, temos a certeza de que por trás dele existem muitas horas de treino, êxitos e insucessos. Um médico que hoje é um bom profissional fez faculdade, residência médica e especializações.

Como poderemos esperar que, na vida espiritual, as situações possam se dar de maneiras diferentes? Bastarão apressados contatos com o desenvolvimento espiritual? Serão suficientes as missas? Os cultos de louvor sem fervor? A participação em reuniões mediúnicas apenas de corpo presente? As preces ditas sem a participação ativa dos sentimentos?

---

[7] Francisco Cândido Xavier / André Luiz. Editora FEB, cap. 1 – Nas Zonas Inferiores.

Daí a importância do desenvolvimento de alicerces mais sólidos e profundos, e encontramos diretrizes seguras para um desembarque satisfatório no Evangelho de Mateus, capítulo 7, versículos de 24 a 27: "todo aquele que, pois, ouve estas palavras que eu digo e as pratica, será comparado a um homem sábio que construiu sua casa sobre a rocha; e logo que a chuva caiu e que os rios transbordaram, que os ventos sopraram e se abateram sobre essa casa, ela não tombou porque estava fundada sobre a rocha. Mas todo aquele que ouve estas palavras que eu digo e não as pratica, será semelhante a um homem insensato que construiu sua casa sobre a areia; e logo que a chuva caiu, que os rios transbordaram, que os ventos sopraram e se abateram sobre essa casa, ela ruiu e sua ruína foi grande."

Previdentemente, edifiquemos nossa casa espiritual sobre alicerces sólidos, pois a morte não é o ponto final. Que em nosso desembarque no mundo astral exerçamos a cidadania espiritual com naturalidade.

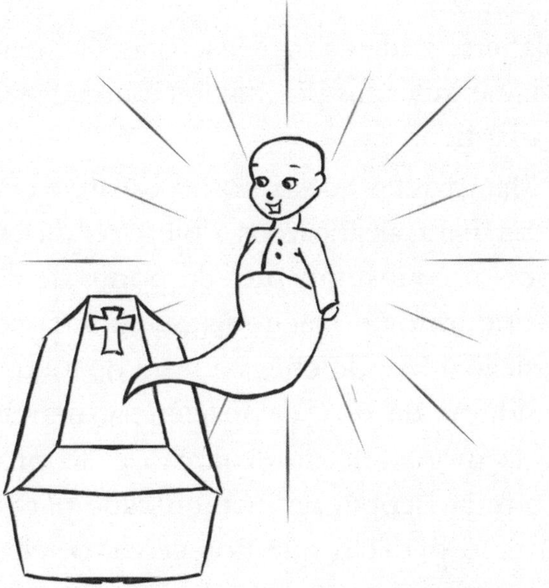

A Vida Continua?

Somos capazes de mergulhar nas regiões onde os oceanos são mais profundos, por meio de aparelhos especiais; as montanhas mais elevadas como, por exemplo, o Monte Everest, com 8.848 metros, são conquistadas pelos esforços dos alpinistas; os microscópios eletrônicos permitem que seres invisíveis aos nossos olhos possam ser estudados, analisados e conhecidos em seu *habitat*; os telescópios nos ajudam a descortinar os panoramas do Universo Infinito; o homem já se deslocou diversas vezes até a lua; tendo enviado naves não tripuladas para lá, do sistema solar. Graças a Alberto Santos Dumont, temos os aviões que cortam os céus do planeta, realizando suas rotas; os oceanos têm as suas águas sulcadas por navios mercadores, petroleiros, transatlânticos.

Mas parece que o nosso esforço e a nossa competência para alcançar os objetivos da evolução e do progresso são insuficientes do ponto de vista espiritual, apesar de todos os recursos que a vida coloca a nossa disposição. Quando chega a hora de mergulharmos nas profundezas da nossa consciência, marcharmos seguros pela montanha da evolução e do progresso, usarmos o microscópio da mediunidade para percebermos o universo paralelo que nos cerca, o telescópio da intuição, poderosa antena receptiva de ondas vibratórias, para lá da matéria, a existência do corpo espiritual, que nos proporciona, durante o sono, voos panorâmicos pelas regiões espirituais de nosso planeta; e quando nos vemos confrontados pelo desafio de reconhecer que somos uma pequenina parte da Humanidade, muito menor que uma gota de água e que toda uma realidade espiritual nos aguarda, somos extremamente tímidos.

Nossa atual equação existencial revela uma inversão de valores; vivemos como se fôssemos seres materiais, que eventualmente tem experiências espirituais; quando, na verdade, somos seres espirituais vivendo experiências materiais.

Quais serão as consequências das ações que, em cada um de nós, terão os seus desdobramentos, quando fizermos o desembarque em nossa verdadeira Pátria? Estamos nos aparelhando para tal transição? Voltaremos para o Lar original enriquecidos de qualidades maiores, das que tínhamos ao sair de lá? Existirá, na próxima dimensão, espaço para o improviso, reclamações, ou condições de usarmos o famoso "jeitinho brasileiro"?

No livro *E a Vida Continua*[8], encontramos situações que podem parecer cômicas e até pueris, mas que nos fazem um chamamento profundo sobre nossa vida no Além. No capítulo 6, há um relato em que Ernesto Fantini e Evelina Serpa, já desencarnados, estão recolhidos em um dos muitos recantos existentes no mundo espiritual, e observam uma moça que tem uma crise de histeria, demonstrando irritação e desespero. Ela é socorrida por uma enfermeira e aquela cena os impressiona, gerando-lhes aflição:

"Em ambos a sede de esclarecimento. Que ilação recolher da súplica chorosa da doentinha atribulada pela ausência do ninho doméstico? Que hospital era aquele? Um pronto-socorro para alienados mentais? Um nosocômio destinado à recuperação de desmemoriados?

Num impulso de curiosidade que não pode mais sopitar, abeirou-se Evelina de uma senhora simpática que acompanhara a cena, denotando aguda atenção, e cujos cabelos grisalhos lhe recordavam a cabeleira materna, e assuntou com discrição:

– Desculpe-me, senhora. Não nos conhecemos, mas a aflição em comum nos torna familiares uns aos outros. A senhora pode dar alguma informação, acerca da pobre menina perturbada?

[8] Francisco Cândido Xavier / André Luiz. Editora FEB.

– Eu? Eu? – redarguiu a interpelada. E advertiu:

– Minha filha, eu aqui praticamente não sei da vida de ninguém.

– Mas escute, por favor. Sabe onde estamos? Em que instituto?

A matrona achegou-se mais para perto de Evelina que, a seu turno, recuou para junto de Fantini, e cochichou:

– A senhora não sabe?

Ante o assombro indisfarçável da senhora Serpa, dirigiu o olhar penetrante para Ernesto e aduziu:

– E o senhor?

– Nada sabemos – comunicou Fantini, cortês.

– Pois alguém já me disse que estamos todos mortos, que já não somos habitantes da Terra...

Fantini sacou o lenço do bolso para enxugar o suor que passou a escorrer-lhe abundantemente da testa, enquanto Evelina cambaleou, prestes a desfalecer.

A desconhecida estendeu os braços à companheira e recomendou, preocupada:

– Minha filha, contenha-se. Temos aqui dura disciplina. Se mostrar qualquer sinal de fraqueza ou rebeldia, não sei quando voltará a este pátio...

– Repousemos – interveio Ernesto.

E dando o braço a Evelina, ao passo que a dama prestimosa ajudava a escorá-la, rumaram os três para largo assento próximo, sob grande fícus, onde passaram a descansar."

Os nossos companheiros não percebem que estão na vida espiritual, apresentam ainda profundos elos com o mundo corporal, e a sua psicologia de comportamento pouco os diferencia de nós. Não basta apenas desencarnar para que atinjamos a condição de Espírito consciente. Não existe automatismo nos degraus da vida, estando assim descartada a arte do improviso e do "remendo de pano novo em roupa velha"[9], ficando bem evidente que sem aplicação de largas doses de esforço, corremos o risco de adiarmos por tempo indeterminado, o nosso acesso às zonas em que se façam presentes condições espirituais, pelo menos razoáveis.

Atentemos para o impacto que teve sobre Evelina e Ernesto, não uma afirmação categórica, mas sim uma possibilidade aventada por outra companheira, que por sua vez também tinha suas dúvidas.

Naquele instituto, que usa como terapêutica o despertar gradativo da consciência, oferecendo condições para que cada um paulatinamente vá reformulando preconceitos, desvinculando-se dos dogmas seculares, das diversas máscaras do medo, para que em uma etapa mais avançada, possam entrar em contato com informações mais profundas.

Não existe um padrão pré-fixado de como será nossa reentrada na vida maior. Acreditamos tanto nos papéis que representamos em cada encarnação: papel de pai, mãe, filho, aluno, professor, classe social, condição econômica, cor da pele, formação cultural, local

[9] Marcos 2:21.

de nascimento, e nos esquecemos que, assim como um ator não é o personagem que representa, o Espírito não é a encarnação que vive. Nós não somos matéria, mas, sim, estamos na matéria.

Quando encarnados, desenvolvemos um sério comprometimento com o "ter", que nos causa, na maioria das vezes, mais inchaço do que saúde. Criamos vários condicionamentos, que trazem grandes dificuldades, para que consigamos nos sentir um ser espiritual alojado na matéria.

Tenho participado de reuniões mediúnicas, onde se manifestam Espíritos que ainda não se identificam como desencarnados, apresentando atitudes características de um encarnado, sem saberem onde estão, o que aconteceu, porque não estão em suas casas. Afinal, conversam com as pessoas e ninguém lhes dá atenção, vão aos seus trabalhos e constatam que tem outra pessoa em seu lugar. Na maioria das vezes, não podemos lhes revelar sua condição, pois poderia lhes provocar um profundo abalo psicológico.

A vida continua nos quadros pintados por cada um de nós, trazendo matizes diversos, compondo telas das mais variadas qualidades; elejamos motivos nobres como programa de vida sem fim.

Fica o convite para que digamos sim à vida, que continua; sim ao fim de nossa atual romagem, que é um ponto-e-vírgula. Que muitos chorem ao partirmos, mas que tenhamos um sorriso estampado na consciência!

Alfabetização Espiritual

Para que o mundo espiritual tenha cada vez menos cidadãos, que se revelam inabilitados para o exercício de sua condição de Espírito Imortal, e assim vivam situações qualitativas, somente a presença de um exército poderoso solucionará tal questão:

O exército poderoso, à nossa disposição, está constituído na atualidade por 26 soldados do progresso. Separam-se, movimentam-se, entrelaçam-se e dominam o grande país das ideias.

Sem eles, cresceríamos para a sombra, quando não para a brutalidade. Em companhia desses auxiliares pequenos, penetramos os santuários da ciência e da arte, aperfeiçoando a vida. Quem não os conhece?

Estão nos documentos mais importantes. Fazem as mensagens telegráficas e as receitas dos médicos. Dão notícias de outras regiões e de outros climas. Contam as surpresas do Céu, explicam alguma coisa das estrelas longínquas. Fornecem avisos preciosos. São emissários do carinho entre filhos e mães distantes.

Raros recordam os benefícios imensos que todos devemos a esses ajudantes minúsculos. No entanto, eles nos servem sem recompensa. Nada reclamam pelo trabalho que nos prestam. Alimentam as raízes dos valiosos conhecimentos dos administradores, dos juízes, dos médicos, dos artistas, sem qualquer remuneração.

Instrumentos das luzes espirituais que se transmitem, de cérebro a cérebro, enriquecem a vida. Porém, assim como quase nunca nos lembramos de louvar a água, o vento e a planta, que representam gloriosas dádivas do Altíssimo, muito raramente lhes observamos os serviços. Jamais se cansam. Vivem no pensamento, de onde se expandem , amparando-nos os interesses e as realizações.

Os maus se utilizam deles para fazer a guerra; os bons empregam-nos na edificação da paz e do conforto, para redenção e felicidade do mundo.

Esses soldados humildes e prestimosos são as letras do alfabeto. Sem a cooperação deles, o mundo não seria tão belo e a vida não seria tão boa, porque o acesso ao reino espiritual se tornaria extremamente difícil.

Aprender a trabalhar com esses pequenos auxiliares da inteligência é buscar tesouros imperecíveis. O castelo da cultura humana começa sob a colaboração deles e vai até à pátria divina, onde mora a sabedoria dos anjos.

Este belíssimo apólogo se encontra no livro *Alvorada Cristã*[10]. É uma viva manifestação do quanto é poderoso esse exército.

Nós, que estamos percorrendo com os olhos o que aqui está escrito, somos o exemplo cabal do que o processo de alfabetização pode adicionar a uma existência. Sendo o Alfa a primeira letra do alfabeto grego, entendemos que alfabetização é o processo pelo qual recebemos a instrução primária, restrita ao aprendizado da leitura e escritas rudimentares.

Temos o abecedário (são os 26 soldados depois do último Acordo Ortográfico), que é a representação gráfica dos sons por meio das letras. Dele se origina o alfabeto (que são esses soldados nas diversas frentes de batalha, nas mais diferentes posições), que é um sistema de sinais gráficos, dispostos numa ordem convencional que serve para transcrever os sons de uma língua.

Hoje, além do domínio formal do conhecimento, também somos desafiados a irmos mais adiante. Por exemplo, quando lemos a palavra tijolo é uma coisa, mas quando pegamos um tijolo na mão e o apalpamos, cheiramos, analisamos o material de que é composto, sua utilidade, sua história no tempo e no espaço, com certeza nosso conteudo pessoal fica bem mais enriquecido. O que em Pedagogia chama-se construtivismo. Valoriza o saber intuitivo.

[10] Francisco Cândido Xavier / Neio Lucio. Editora FEB.

O Espiritismo tem afinidades com tal proposta, pois nos convida a fazer uma análise do Espírito como uma das forças vivas da natureza, sua razão de ser, seu destino, como ele evolui, e muito mais. Convida-nos para que saiamos da mesmice reencarnatória.

Caso fosse realizado hoje um censo pela espiri-tualidade, sobre a população analfabeta espiritualmente, e espiritualmente alfabetizada, em qual das duas nos incluiríamos?

Muitas vezes podemos ser cultos de Doutrina e analfabetos do Espírito, como também analfabetos de Doutrina e cultos de Espírito, mas o ideal é que, harmonizando ambas condições, promovamos o nosso progresso integral.

Conversando com diversas pessoas pude perceber o seguinte: a morte em si, ou seja, o fenômeno fisiológico, a expulsão do Espírito do corpo carnal, não preocupa tanto, mas pude sentir que o outro lado da vida, na dimensão próxima, região extrafísica, esfera do Espírito, como queiramos qualificá-la, apresenta-se como um ponto de interrogação.

Que tal, então, se colocássemos os 26 soldados do alfabeto a nosso serviço? Se os utilizássemos como batedores que vão à frente, preparando o terreno dos pensamentos, para que desenvolvamos a força das ideias, facilitando a nossa entrada no mundo dos sentimentos qualitativos?

Como no Universo nada se improvisa, assim como atravessar um Oceano, não nos faz um marinheiro; sermos o passageiro de um avião, não nos qualifica como um piloto; boiarmos na superfície da água, não nos dá a condição de nadador; nos domínios do Espírito acontece o mesmo, nada ali se realiza de fora para dentro, mas sim no sentido inverso.

Ninguém pode realizar em nosso lugar a tarefa de autoiluminação. Com lâmpadas alheias teremos poucas possibilidades de acesso a regiões espiritualmente felizes. Lísias, no capítulo 7 do livro *Nosso Lar*[11], dá incentivos para que André Luiz invista em sua alfabetização espiritual, incentivos dos quais também poderemos tirar benefícios:

"– Convém não esquecer, contudo, que a realização nobre exige três requisitos fundamentais, a saber: primeiro desejar; segundo saber desejar; e, terceiro, merecer, ou, por outros termos, vontade ativa, trabalho persistente e merecimento justo."

Sendo essa realização nobre o nosso alvo, faz-se necessário que invistamos nossa alfabetização nestes três requisitos, que certamente nos abrirão as portas da espiritualidade com a chave de boas-vindas. Podem ser considerados excelentes pontos de partida:

Primeiro requisito: desejar. Que pode ser traduzido por "vontade ativa", vontade de aprender, vontade de entender, vontade de aplicar. Muitas vezes, ficamos estagnados na região da muita vontade... Mas que não ultrapassa o metro do interesse pessoal.

Por exemplo, a Doutrina Espírita coloca a nossa disposição as cinco Obras Básicas, que são *O Livro*

---

[11] *Op. Cit.*

dos Espíritos, O Livro dos Médiuns, O Evangelho segundo o Espiritismo, O Céu e o Inferno e *A Gênese*. Temos ainda os pequenos livros introdutórios, que são *O Principiante Espírita* e *O que é o Espiritismo*, que visam ao nosso treinamento, para que exercitemos em plenitude nossa condição de um Espírito temporariamente ligado a um corpo físico.

Mas, sem uma vontade ativa, chegaremos apenas ao primeiro estágio, que é o espiritualismo. Quem quer que identifique em si mesmo alguma coisa além da matéria é espiritualista, daí o imperativo que nos debrucemos sobre o conteúdo dessas obras, para que nosso alicerce espiritual seja à prova de abalos ou rachaduras, fragilidades ou inseguranças; vale a pena o esforço. Mais uma vez repetimos: para uma nova ordem de ideias, é necessário que não tentemos colocar remendo de pano novo em roupa velha, não funciona! Pergunte a uma costureira! Invista pelo menos 15 minutos diários em boa leitura, não tem efeito colateral.

O segundo requisito: saber desejar. Que se traduz em "trabalho persistente", com esforço, determinação e objetividade. Toda construção nobre começa aqui, no solo planetário.

As grandes realizações demandam coragem e ousadia, audácia e temperança, nobreza e lealdade, amizade e honestidade. Temos aqui apenas oito, dentre outras tantas sementes que o trabalho persistente permite que germinem em nosso solo espiritual.

Fechando o triângulo, temos o merecimento justo, significando que somos dignos de tudo aquilo que conquistamos pelos nossos méritos, surgindo então o momento maravilhoso da colheita dos frutos que pendem da árvore de nossa vida. E a encarnação, com a qual somos presentemente premiados, é o nosso passaporte, para que adentremos em esferas espirituais, nas quais seremos condecorados pelos louvores do trabalho profícuo.

Invistamos em nossa capacitação material, com títulos de doutores e mestres, mas que coloquemos em plano equivalente nossa alfabetização espiritual.

Saindo do Lugar Comum

No primeiro dia de aula, o professor se apresentou aos alunos e desafiou-os, para que apresentassem alguém daquele grupo que não conhecessem. João estava em pé, olhando ao redor, quando uma mão suave tocou seu ombro. Ele olhou para trás e viu uma pequena senhora, velhinha e enrugada, sorrindo, radiante. Um sorriso lindo que iluminava todo o seu ser. Ela disse:

– Ei, bonitão – Meu nome é Rosa. Eu tenho 87 anos. Posso te dar um abraço?

Ele riu e respondeu entusiasticamente:

– É claro que pode! – e ela lhe deu um forte abraço.

Não resistindo à curiosidade, João lhe perguntou:

– Por que você está na faculdade, em tão avançada idade?

Brincalhona, ela respondeu:

– Estou aqui para encontrar um marido rico, casar, ter um casal de filhos e então me aposentar e viajar!

– Está brincando! – disse João, que estava muito curioso em saber o que a havia motivado a enfrentar aquele desafio com tal idade, e ela disse:

– Eu sempre sonhei em ter um estudo universitário e agora estou tendo um!

João ficava extasiado com aquela máquina do tempo, que compartilhava com ele sua experiência e sabedoria.

Ela adorava vestir-se bem e revelava-se cada vez mais animada à medida que recebia atenção dos outros estudantes. Estava curtindo a vida!

No fim do semestre, foi convidada para falar no banquete da equipe de futebol. Quando ela começou a ler o seu discurso, deixou cair três das cinco folhas no chão. Frustrada e um pouco embaraçada, pegou o microfone e disse simplesmente:

– Desculpem-me, estou tão nervosa! Eu não conseguiria colocar meus papéis em ordem de novo, então, deixem-me apenas falar para vocês sobre aquilo que eu sei. Nós não paramos de jogar porque ficamos velhos; nós nos tornamos velhos porque paramos de jogar. Existem somente quatro segredos para continuarmos jovens, felizes e conseguir o sucesso. Primeiro, você precisa rir e encontrar humor em cada dia. Segundo, você precisa ter um sonho. Quando você perde seus sonhos, você morre. Há muitas pessoas caminhando por aí, que estão mortas mas nem desconfiam! Terceiro, há uma grande diferença entre envelhecer e crescer. Se você tem 19 anos e ficar um ano inteiro sem fazer nada de produtivo, você ficará com 20 anos. Se eu, com 87 anos, ficar na cama por um ano e não fizer coisa alguma, eu ficarei com 88 anos. Qualquer um, mais cedo ou mais tarde, ficará mais velho. Isso não exige talento nem habilidade, é uma consequência natural da vida. A ideia é crescer por meio das oportunidades. E, por último, não tenha remorsos. Os velhos geralmente não se arrependem por aquilo que fizeram, mas sim por aquilo que deixaram de fazer. As únicas pessoas que têm medo da morte são aquelas que têm remorsos.

E concluiu seu discurso cantando, corajosamente, *A Rosa*.

Ela desafiou cada um dos alunos ali presentes a estudar poesia e vivê-la na vida cotidiana.

No fim daquele ano, Rose concluiu a faculdade. Uma semana depois da formatura, morreu tranquilamente em seu sono.

Mais de dois mil alunos da faculdade foram ao seu funeral, em tributo à maravilhosa mulher que ensinou, pelo seu exemplo, que nunca é tarde demais para ser tudo aquilo que você pode provavelmente ser, se realmente desejar... Ela saiu do lugar comum[12].

---

[12] Mensagem recebida pelo autor por meio da internet.

Rose pode tranquilamente ser incluída dentre aquelas pessoas que vivem em estado de espírito; quer estejam encarnadas ou desencarnadas, sempre optam pela alfabetização do Espírito. Em qualquer dimensão em que se encontrem, serão sempre células ativas e dinâmicas. Tem um ditado popular que diz: "tal vida, tal morte!" Podemos parafrasear: "tal encarnação tal desencarnação."

Dispomos de recursos interiores ilimitados para que saiamos do lugar comum. Eles são potenciais que em sua maior parte estão adormecidos, sendo imperioso que os ativemos para que o nosso viver seja significativo. Rose nos dá dicas de qualidade na vida. Normalmente, desperdiçamos muito daquilo que recebemos da divindade enquanto oportunidade.

Basta que observemos quantos de nós desenvol-vemos nossas atividades profissionais sem que a vocação seja um elemento que "pese" em tal escolha.

Reclamações, insatisfações, descontentamentos, faltas injustificadas. Abonos médicos desnecessários. Muitas vezes agimos como um elemento dificultador, um obstáculo trabalhoso de ser superado!

Movimentamo-nos na superficialidade enganosa das ilusões que os limites dos cinco sentidos nos impõem.

No livro *Nosso Lar,* André Luiz, relatando o encontro com o Ministro Clarêncio, nos dá uma ligeira noção do que gera tal posição do ponto de vista espiritual, quando ele chega à conclusão: "Fiquei atônito. Não conhecia tais noções de responsabilidade profissional. Assombrava-me a interpretação do título acadêmico, reduzido à ficha de ingresso em zonas de trabalho para cooperação ativa com o Senhor Supremo."[13]

Trazendo o quadro claro de que qualificação material, será conjugada à qualificação espiritual, quando atuamos conscientemente no palco da vida. Estamos aqui para nos tornarmos nobres servidores do Senhor, e não apenas para usufruirmos vantagens e privilégios.

É importante que façamos uma conexão das concessões que nos são feitas pelo Criador a título precário, para que tenhamos a postura do mordomo fiel[14], acrescentando rentabilidade espiritual às nossas oportunidades materiais, adicionando a alfabetização espiritual.

Muitos de nós estamos longe dos 87 anos, como a nossa companheira Rose, mas será que vivemos com a mesma vivacidade? Entusiasmo? Alegria? Perseverança? Determinação? Seremos elementos facilitadores? Qual o significado de cada dia de vida? Quais tarefas realizamos com satisfação, prazer, com brilho no olhar? Estamos além do senso comum?

Superar a zona da mediocridade reinante em nosso ambiente exige a consciência de nosso estado de espírito imortal. Busquemos aplicar em nossa vida o nosso poder decisório. Nem sempre a opinião da maioria representa o melhor.

Rose mostra-se uma pessoa que não abre mão do seu poder decisório, não se curva ante a pressão da

---

[13] *Op. Cit.,* cap. 14.

[14] Lucas 12:42.

maioria, preserva-se da patologia da normose,[15] que é a doença da normalidade.

Uma visão integral sobre o ser humano nos facilita uma visão abrangente. Somos integrantes do Universo, nada existe fora dele. Passamos a ter uma interferência positiva na ecologia social, emocional, mental e espiritual.

Rose oferece-nos o exemplo das pessoas "vivas", quando muitos podem ser classificados como vivos-mortos, ignorando sua condição de Espírito imortal.

Empurrar as coisas com a barriga não resolve, adiamos para um tempo indefinido circunstâncias que não podemos controlar, fatores que escapam ao nosso domínio, pois, segundo informações do mundo espiritual, para que os componentes de nossa atual encarnação se manifestem em outra oportunidade, pode levar mais de um século.

Observe-se: veja se você não é do tipo que vive resmungando e reclamando, revoltado e insatisfeito, descontente e irritado, bebendo para esquecer, deixando-se corroer pelo tóxico do ódio, contaminando-se pela insensibilidade emocional, indiferente aos valores do Espírito... Se não apresenta as características que podem identificá-lo com um vivo-morto, tanto aqui como no Além, pois tudo aquilo que pensamos, acaba se materializando.

Mas temos condições de reverter tal situação, aumentemos nosso índice de humor no dia a dia. A caracte-

[15] Pierre Weil. *A Arte de Viver em Paz*. Editora Gente.

rística de um bom Espírito é o bom humor; Chico Xavier é um ótimo exemplo! Fisionomias carregadas formam nuvens escuras desnecessárias. Irradie alegria, seja contagioso na transmissão da alegria. Saia do lugar comum!

Ativemos nossa originalidade espiritual; ela é nossa marca registrada.

Saia da normose, seja autêntico. Faça a diferença. Faça brilhar a sua imortalidade pessoal. Alivie-se dos remorsos, que são pesos inúteis. Não os cultive. Aprender com o passado é agir com sabedoria!

Organização Espiritual

Diversas organizações mundiais visam favorecer um funcionamento global adequado, gerenciando a heterogeneidade existente, para a obtenção de resultados que satisfaçam, da melhor maneira possível, os interesses dos países.

No topo de todas as organizações temos a Organização das Nações Unidas – ONU, que é adotada pelos países que aceitam cumprir as obrigações previstas pela Carta das Nações. Tem um Conselho de Segurança com cinco representantes que são: China, França, Grã-Bretanha, Rússia e Estados Unidos, que detêm direito a veto. Há um secretário-geral nomeado pela Assembleia Geral, sob recomendação do Conselho de Segurança.

Tem como agências especializadas de vocação universal: a Organização para a Alimentação e Agricultura – FAO, Organização das Nações Unidas para a Educação, a Ciência e a Cultura – UNESCO, Organização Internacional do Trabalho – OIT, Banco Internacional para Reconstrução e Desenvolvimento – BIRD, Fundo Monetário Internacional (FMI), Organização Mundial da Saúde – OMS, dentre outras.

Temos aqui um pequeno quadro da atuação da ONU, ramificada nos planos econômico e social, dando assistência técnica aos países em desenvolvimento; humanitário pela Declaração Universal dos Direitos Humanos em 1948; e jurídico, com projetos de codificação da Comissão do Direito Internacional.

Sendo uma organização de grande importância na ordem mundial, nos próximos anos sofrerá naturais aperfeiçoamentos.

Em um planeta com mais de 6,5 bilhões de habitantes, a ONU é a materialização da ideia de que, para superar o caos, a desordem e a confusão, nada mais justo que um foro onde possam ser atendidas reivindicações, ajustes de equacionamento de necessidades e intervenção em conflitos. Ela é uma representação objetiva, do empenho dedicado para que criemos condições de habitabilidade na Terra.

Nós, na condição de humanos falíveis mas perfectíveis, desejamos um mundo melhor, e a própria UNESCO está, há décadas, propondo-nos uma abordagem transdisciplinar na educação, por meio de quatro pilares básicos: educar para conhecer, educar para fazer, educar para conviver e educar para o Ser.

As escolas atendem de maneira parcial aos dois primeiros. A educação para conviver passa pelo processo de alfabetização psíquica (do Espírito), que surge do desenvolvimento da inteligência emocional, atitudinal (atitudes), onírica (sonhos) e relacional.

Por outro lado, é importante que criemos condições para que aflorem de forma equilibrada e integrada, as quatro funções psíquicas: a sensação, a intuição, o pensamento e o sentimento, surgindo daí a feliz associação: razão e sentimento.

Quanto à educação para o Ser, nós a vemos plenamente identificada com a proposta que encontramos em *O Livro dos Espíritos*, onde Allan Kardec, ao comentar a resposta dada à pergunta 685, elucida: "Há um elemento, que se não costuma fazer pesar na balança e sem o qual a ciência econômica não passa de simples teoria. Esse elemento é a educação, não a educação intelectual, mas a educação moral. Não nos referimos, porém, à educação moral pelos livros e sim à que consiste na arte de formar os caracteres, à que incute hábitos, porquanto a educação é o conjunto dos hábitos adquiridos."

Assim, sugere Kardec que existe a necessidade de uma pedagogia inclusiva, que estimule em cada indivíduo o desenvolvimento dos seus potenciais como originalidade e criatividade, sabedoria e amor, para que "o conjunto de hábitos adquiridos" seja qualitativo e capacite o indivíduo a exercer em plenitude sua condição de parte integrante da criação universal.

Mas também está implícito aí um convite substancioso, para que dentro de uma visão integrativa do ser humano, possamos incluir elementos de pedagogia espiritual, que visem à nossa organização pessoal e espiritual, para que, tanto encarnado como desencarnado, possamos exercer nossa cidadania cósmica.

Se, imperfeitos como somos, procuramos criar organizações materiais para que as condições de vida melhorem, não seria uma atitude politicamente correta lançarmos um olhar para além da janela dos cinco sentidos, combinando os elementos materiais, que são meios para a realização dos aspectos espirituais que são os fins?

Nossa bagagem nos abre as portas das sociedades espiritualmente organizadas? Estamos conseguindo quebrar o círculo vicioso do acomodamento encarnatório? Qual está sendo a qualidade do olhar que lançamos à nossa volta? Estaremos empenhados na revolução da autotransformação? Temos tomado vacinas eficazes contra o materialismo dominante?

Ah, meus amigos! Que a nossa provisão interior nos ofereça bagagem suficiente para que, ao adentrarmos na sociedade espiritual, nos sintamos em nosso *habitat* natural.

Empenhemo-nos em incluir exercícios de educação espiritual em nosso conjunto de hábitos adquiridos, fortalecendo conceitos que, desde agora, possam ser ferramentas eficientes e eficazes em nosso processo de espiritualização.

Temos ouvido certos relatos de desencarnados que, às vezes, até parecem absurdos, pelas condições em que se encontram. Mas, é necessário entender que tais condições não são preexistentes, mas sim, criação de mentes que as sustentam e vitalizam.

Quando, por exemplo, algum desencarnado diz que está no inferno, devemos inferir que tal situação existe, devido à manifestação de pessoas que a cultivaram, quando encarnadas, e nela permaneceram quando desencarnadas. Isso é demonstração inequívoca de desorganização espiritual, inadequação ao novo habitat, confusão mental, por se descobrir vivo e sensível, por não conseguirem encerrar um ciclo.

É necessário nos conscientizarmos de que cada um de nós é um mundo e que cada individualidade, após deixar o "carro físico", encontrará lugares, pessoas, emoções, afinidades e oportunidades, conforme se portou durante a existência na Terra. Ali não se improvisam roteiros.

Desse modo, a organização espiritual começa daqui, ao trazermos para nossa consciência a certeza de nossa imortalidade pessoal. Isso nos dará elementos interiores para não sermos sufocados pelo tempo determinado da vida biológica; para criarmos condições amplamente favoráveis para o desenvolvimento da responsabilidade pessoal, deixando de terceirizar os eventos da nossa própria vida.

Com a consciência da imortalidade pessoal, vemos nossa existência conectada com Deus, com o Planeta, com a nossa família, nossos afetos e desafetos, nossa vida profissional, nossa vida espiritual...

A proposta do Espiritismo é que nos aprofundemos nesse processo de organização espiritual pessoal, que nos esforcemos para abastecer o mundo espiritual de elementos imateriais qualitativos. Empenhemo-nos, então, no sentido de aprimorarmos nossas bases espirituais.

Temos notícias de muitas sociedades espirituais. Cada uma delas nos sinalizando que não existem milagres, que ninguém se torna o que não é só porque desencarnou. Por isso, é de suma importância que nos tornemos indivíduos espiritualmente organizados. Que possamos dar passos neste sentido!

Assim como cuidamos de nossa higiene pessoal, consideremos a higiene espiritual, tendo um corpo espiritual harmonioso, sob o rigoroso padrão de qualidade do Evangelho do Cristo!

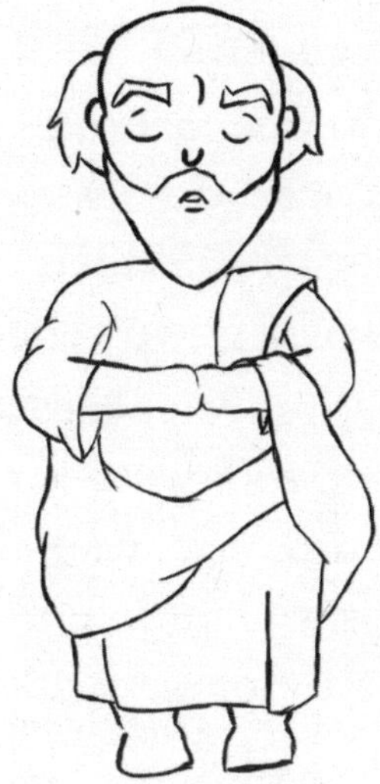

Mestre da Vida

Sócrates vivia seu último dia encarnado entre nós. Após tomar um banho, trouxeram-lhe seus três filhos. As mulheres da casa estavam presentes. Sócrates fez--lhes algumas recomendações e depois elas se foram.

O sol estava próximo de se recolher, quando chegou o servidor encarregado de lhe trazer a intimação para que tomasse a cicuta (veneno extraído dos frutos da cicuta-da-europa). Críton, discípulo de Sócrates, fez sinal a um dos servidores, que retornou dali a pouco com aquele que devia ministrar o veneno contido em uma taça que trazia consigo.

Sócrates, ao vê-lo, perguntou:

– Então, meu caro! Tu que tens experiência disto, o que é preciso que eu faça?

– Nada mais do que fazer uma caminhada, depois de haver bebido o conteúdo desta taça, até suas pernas se tornarem pesadas – respondeu o homem. – Em seguida, fique deitado para que o veneno produza o efeito.

Dizendo isso, estendeu a taça a Sócrates que a empunhou, conservando toda a sua serenidade, sem um estremecimento, sem uma alteração, nem da cor do rosto, nem dos seus traços. Olhando em direção do homem, um pouco por baixo e perscrutadoramente, como era seu costume, falou:

– Dize-me, é ou não permitido fazer com esta beberagem uma libação às divindades?

– Só sei, Sócrates, que trituramos a cicuta em quantidade suficiente para produzir seu efeito. Nada mais.

– Entendo. Mas pelo menos há de ser permitido, e é mesmo um dever, dirigir aos deuses uma oração pelo bom êxito desta mudança de residência daqui para além. Esta é a minha prece; assim seja!

Em seguida, sem demonstrar desagrado, bebeu até o fim. Seus discípulos, não se contendo, se puseram a chorar, pois percebiam ali o fim de Sócrates, que se mantinha sereno:

– Que estais fazendo? – perguntou. – Que gente incompreensível! Se mandei as mulheres embora, foi sobretudo para evitar semelhante cena, pois, segundo me ensinaram, é com belas palavras que se deve morrer. Acalmai-vos, vamos! Dominai-vos!

Sócrates começou a dar voltas no quarto até que declarou sentir as pernas pesadas. Deitou-se de costas e, lentamente, começou a se desprender do corpo físico, começando pelas extremidades. Logo, ele se despedia daquele invólucro que lhe servira por cerca de 70 anos.

No livro *Fédon*, de Platão, podemos encontrar com maiores detalhes a saída de Sócrates da vida física,que nos disponibiliza elementos que nos permitem uma avaliação amplamente favorável, de como a consciência da imortalidade pessoal possibilita atitudes de ótimo conteúdo espiritual.

Devemos buscar inspiração naqueles que, desde a vida carnal, a vivem como uma experiência transitória. Sócrates coloca à nossa disposição um farto material que, passados quase 2.500 anos de sua encarnação, nos sensibiliza e nos convida para que tais alicerces possam ser a base de sustentação do nosso ser.

As suas atitudes não são improvisadas, têm o cunho da autenticidade, sinceridade e transparência. Representando uma conquista acessível a todo aquele que a queira alcançar, fruto do que nos preceitua o "Conhece-te a ti mesmo."

Se hoje fosse o último dia de nossa encarnação, o que faríamos?

Fiz esta indagação a muitas pessoas e obtive as mais variadas respostas. Alguns disseram que não sairiam de casa; outros, que comeriam e beberiam até se fartar; vários desejavam dizer tudo o que pensam e sentem a respeito das pessoas que os cercam; inúmeros mandariam seus patrões às favas; muitos buscariam se colocar em dia com Deus; diversos se esconderiam debaixo cama... Incontáveis desejos reprimidos viriam à tona, e vontades acalentadas por muitos anos se revelariam.

Mas, poucos disseram que continuariam sua rotina, sem alteração, que manteriam inalterados seus projetos pessoais, que conservariam sua tranquilidade e serenidade.

Atentemos que Sócrates se comporta como se estivesse em um banquete, pois nos banquetes dos gregos era costume que todos os convivas, antes de tocarem na primeira taça, derramassem no chão algumas gotas aos deuses e, ao mesmo tempo, recitassem uma breve oração.

Quando ele diz: "...e é mesmo um dever, dirigir aos deuses uma oração pelo bom êxito desta mudança de residência daqui para além", dá uma clara demonstração de que, quando estamos despertos em Espírito, nossa atitude perante a desencarnação se reveste de características naturais. Para tal êxito é fundamental que a certeza da imortalidade pessoal nos ofereça um núcleo de segurança e confiabilidade, por meio do qual poderemos expressar espontaneidade.

O próprio mundo material, ao nos desqualificar como cidadãos, nos sinaliza que se tivermos aquisições que não sejam conversíveis pelo câmbio espiritual, simplesmente ali desembarcaremos, com uma mão adiante e outra atrás, na condição de espírito pobre, carente das propriedades inalienáveis da alma.

Surge assim o imperativo da observação: o que somos além de nossos títulos profissionais? Caso percamos nossa condição social, o que restará? Temos amigos pelo que possuímos materialmente, ou pelo que somos? Quais pessoas nós não gostaríamos de encontrar no além-túmulo? Em nossa vida estão presentes situações das quais nos envergonharemos, quando chegarmos no mundo espiritual? Estamos preparados para as consequências imediatas de nossa imortalidade pessoal?

Esses questionamentos têm como objetivo sinalizar para a necessidade da renovação de nossos panoramas pessoais de espiritualidade. À medida que priorizamos as questões materiais durante nossa existência física, com certeza, elas terão sobre nós uma grande influência, podendo nos manter cativos. Caso fortaleçamos nossas sementes de espiritualidade, elas certamente nos renderão ótimos frutos.

Um anjo verificador se encontra no portal de recepção da espiritualidade, quando ali chega um candidato a residente:

– Bom dia, senhor anjo, desencarnei e quero saber para onde vou.

– De onde você vem? – indaga-lhe o anjo.

– Ah, de onde eu venho, só tem confusão, pessoas más, cidades feias, brigas, discussões, pichações, trânsito violento... Aquilo é um inferno! Graças a Deus saí de lá!

– Bem, meu amigo, entre na porta à direita, pois lá é o retrato acabado do que acaba de me relatar. Você se sentirá em casa – disse-lhe o anjo.

E na porta da direita estava escrito em letras garrafais: Inferno.

Chega outro candidato, acanhado, tímido, cabeça baixa:

– Bão dia, sinhô anjo! Deixei o corpo no pijama de madeira, e agora?

– De onde você vem meu irmão? – pergunta-lhe o anjo?

– Eh, lugarzinho bão de morar! Encontrei bastante gente boa por lá, sempre fiz amigos, tive, como todo mundo, minhas dificuldades, mas eu mostrei para elas o tamanho do meu Deus, e superei. Gostei do que vivi! – responde o candidato.

– Então, você também entra à direita e vá ensinar àquele pessoal como é que se constrói o Céu...

Aprendamos com Sócrates, cujo nome quer dizer "mestre da vida", o valor da experiência com que somos premiados pela divindade, que mesmo não sendo um ponto final, é significativa.

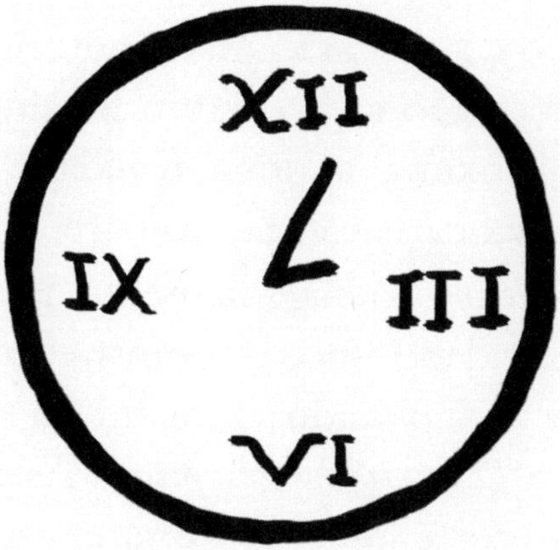

Hora Certa!

Na Antiguidade, os babilônios, como mais tarde os gregos, dividiam o dia em 12 horas, equivalendo, cada uma, a duas das atuais. O mesmo acontecia com os chineses, que davam o nome de 12 animais às 12 horas do dia. Mais tarde, os gregos dividiram o dia e a noite em quatro partes, cada qual composta de três horas. Os romanos adotaram essa mesma prática, com as seguintes divisões: *mane* (o início do dia), *meridies* (o meio-dia), *solis-occasus* (o pôr do sol) e *media nox* (meia-noite). Os egípcios e os povos da Ásia Ocidental dividiram o dia em 24 horas, forma da qual provém o atual modo de contar o tempo. Sendo, portanto, uma unidade de tempo que equivale a 3.600 segundos, ou 60 minutos, correspondendo à vigésima quarta parte do dia.[16]

O tempo é a sucessão dos acontecimentos em um meio infinito, sendo as horas um fatiamento dessa sucessão, mais próxima de nossa realidade cotidiana. Encarnação e desencarnação fazem parte de tal equação.

Allan Kardec, inteligentemente, inverte a questão da morte, convidando-nos a promover uma revisão em nossos conceitos, quando comenta a resposta da pergunta 340 em *O Livro dos Espíritos:* "Assim como, para o Espírito, a morte do corpo é uma espécie de renascimento, a reencarnação é uma espécie de morte, ou antes, de exílio, de clausura."

Então, parece-nos que a reencarnação é incorretamente avaliada por nós, pois nos preparamos alegremente para receber o novo navegante dos mares da vida. Temos até nossas tradições presentes nos próprios hospitais, que têm uma luz azul ou rosa, anunciando assim o sexo do emigrante espiritual. Quando é menino, dá-se charuto (podia se ter uma ideia melhor!). Quando é menina, dá-se bombom (altamente calórico), prepara-se o enxoval, são dados os parabéns, é feito o batizado, existe um clima de alegria e euforia. Sabiamente algumas culturas orientais choram os seus nascituros, pois é uma incógnita o comportamento do recém-nascido durante o período em que permanecer aqui.

Com a bolsa de estudos da reencarnação debaixo do braço, aqui chegamos por algum tempo, que vai

[16] ***Grande Enciclopédia Larousse Cultural.***

de algumas horas, até mais de um século, surgindo assim o imperativo do sábio aproveitamento do tempo. Existe grande desperdício encarnatório, pelo mau uso das horas.

Lembramo-nos daquela história, em que pai e filho fazem um passeio de trem, que desenvolve uma boa velocidade, e o filho, encantado, diz ao pai:

– Pai, o senhor está vendo como os postes passam rápidos por nós?

O pai, com serenidade, lhe responde:

– Meu filho, você está enganado, somos nós quem passamos por eles.

Assim somos nós, com relação ao tempo. Ele pode ser perdido, mas nunca recuperado. Não pode ser acumulado, necessita ser usado, investido. Não podemos fabricá-lo, guardá-lo em bancos, congelá-lo, deixá-lo armazenado em galpões, escondê-lo em algum lugar, economizá-lo para um momento futuro, recebê-lo ou deixá-lo de herança... Ele é patrimônio exclusivo e intransferível. Medida divina oferecida em igualdade de condições para todas as criaturas, sem uma única exceção.

Sir Walter Scott, escritor escocês, nos diz: "Você ama a vida? Não desperdice então o tempo, pois é dele que se compõe a vida." E é assim, tanto aqui na Terra, como no Além, para que nós sejamos um canal pujante da vida, onde quer que estejamos, como quer que estejamos, com quem quer que estejamos.

O tempo possui variações interessantes. Quando estamos de férias, passa rápido; quando trabalhamos, parece que se arrasta; quando vamos ao dentista, parece uma eternidade. Mas, quando estamos ao telefone, com a namorada, parece que voa; quando estamos na fila de um banco, quanta insatisfação! Mas, ficar na fila para assistir uma partida de futebol, que prazer!

Quando passamos horas difíceis, elas são grandes amigas, desencadeiam crises, que poderemos traduzir como oportunidade e, revestindo o nosso olhar com o conteudo da imortalidade pessoal, mantermos lealdade ao programa proposto, não nos deixando morrer por dentro. As horas difíceis também passam, são apenas um momento...

Passaremos a considerá-las horas propícias para o exercício de um Espírito que se capacita para realizar a sua parte na obra da Criação. Para que nos sintamos em um tratamento de beleza espiritual, para que, ao retornarmos à nossa verdadeira pátria, recebamos as condecorações da vitória espiritual.

Sócrates nos exemplifica isso, quando diz ao discípulo Críton, no livro *Fédon*, sobre o seu enterro: "Não há meios, meus amigos, de convencer Críton de que o que eu sou é este Sócrates que se acha presentemente conversando convosco e que regula a ordem de cada um dos seus argumentos! Muito ao contrário, está persuadido de que eu sou aquele outro Sócrates, cujo cadáver estará daqui a pouco diante de seus olhos."[17]

Devemos pensar exatamente como Sócrates. Estamos no corpo, mas não somos o corpo. Assim

---

[17] *Platão,* da coleção *Os Pensadores*. Editora Nova Cultural, pág. 186.

como o músico não é o instrumento, o Espírito não é o corpo.

Cabe-nos iniciar um processo de erradicação, em nossa consciência, do medo da morte, para que tal situação possa ser considerada uma boa hora, para que saiamos daqui com tranquilidade. No momento exato, na hora certa, acontecerá, dependendo de nós, a devida maturidade para termos uma atitude que demonstre essa felicidade.

Como o prisioneiro que readquire a liberdade, após ter feito seus ajustes com a lei e busca uma reintegração social, assim também é a desencarnação, sendo ela sim, motivo de comemoração, de desejo de sucesso, para que aquele que sai da prisão do corpo, possa seguir abastecido de horas plenas, valiosas, vivas...

Existem as horas de aperto, que fazem parte das lições da vida. Eles visam à nossa educação. A maior parte deles é adquirido nas lojas da ilusão, que não podem oferecer resultado melhor do que a desilusão. Extraiamos a sua essência, seu valor profundo, sua função pedagógica. Quando nos endividamos, ficamos no aperto, prometemos não entrar mais em dívida, mas como escrevemos tal promessa nas areias da praia, logo as ondas do esquecimento as apagam.

Vivemos recapitulações desnecessárias, quando atitude de sabedoria seria comprarmos tudo a vista, o que denota previdência e paciência. Para que também não passemos apertos na vida extrafísica, construamos um barco existencial que nos favoreça uma ancoragem segura, um porto bem sinalizado, uma tripulação de pensamentos e sentimentos devidamente treinados para a realidade ali existente, e tal processo passa, inevitavelmente, pela nossa espiritualização, desde agora. Mãos à obra, o aqui também é importante!

Ao ouvirmos a expressão "hora extrema", não a levemos ao pé da letra, pois na verdade ela não possui tais características, não é o fim da linha, nem tampouco a última página, passa bem longe do último ato, está bem distante do "que a terra te seja leve", não se enquadra dentro dos padrões Divinos de Justiça de Amor e Caridade. Quando chegar a hora do nosso desembarque, que uma bela comissão de recepção esteja presente, a nos aguardar.

Na mitologia grega, três divindades chamadas Parcas comandam os destinos dos homens. A primeira, Cloto, fiava o fio da vida em sua roca, determinando o nascimento. A segunda, Láquesis, enrolava o fio, definindo o decorrer da vida. A terceira, Átropos, cortava o fio, determinando a morte[18].

Que bela linguagem figurada; a primeira mostra o processo de reencarnação, a segunda, o arquivamento das experiências ao longo da encarnação, e a terceira, são as entidades que processam o desligamento do Espírito do corpo físico.

Como diz a canção *Pra Não Dizer Que Não Falei Das Flores*, de Geraldo Vandré: "Quem sabe faz a hora,

[18] Thomas Bulfinch. *O Livro de Ouro da Mitologia – Histórias de Deuses e Heróis*. Editora Ediouro.

não espera acontecer." Saibamos fazer da nossa hora certa uma obra-prima de Espiritualidade.

Figurativamente, podemos dizer que a primeira divindade já fez a sua parte, a segunda está em andamento, restando-nos, portanto, uma boa preparação para a visita de Átropos, pois um dia chega a hora de experimentarmos o ponto-e-vírgula.

A Morte Não é o Ponto Final

Morte significa a cessação definitiva da vida animal ou vegetal, tendo como sinônimos falecimento, trânsito, passamento, desaparecimento, óbito, destruição, perda, termo, segundo o paradigma materialista.

A nossa cultura contribui de maneira tímida, para que tal momento possa ser confrontado com sucesso pela consciência, pois com a manutenção de imagens como a de um esqueleto humano armado de foice, favorece a eclosão do medo que é um dos paralisantes da alma.

Mas temos a possibilidade de incorporar ao nosso acervo de conhecimentos, informações que, devidamente assimiladas por nossa consciência, nos darão um ótimo forro espiritual para que possamos realizar com êxito a transição da ignorância para o conhecimento. E também manter a calma quando chegar a nossa vez, estando devidamente equipados. Quando vamos pescar, levamos os apetrechos necessários; ao fazermos uma viagem, preparamo-nos com a bagagem necessária. Por que não tomarmos a mesma medida preventiva, para com a nossa reentrada na vida eterna?

O corpo carnal é uma veste do Espírito. Estamos preparados para trocar de vestimenta?

A luz que o farol da Doutrina Espírita coloca a nossa disposição é um agente facilitador, favorecendo-nos um navegar existencial seguro e confiável.

Os Espíritos desencarnados, na condição de faroleiros, procuram nos despertar do sono multimilenar das encarnações adormecidas, para a condição de despertos do Espírito. A Bela Adormecida é despertada com um beijo dado por um príncipe; o Espiritismo vem nos despertar para que deixemos a condição de "belos adormecidos" e mobilizemos os potenciais divinos, com os quais somos agraciados, para que deixemos o papel de "baratas tontas", assumindo nossa condição de centelha divina imortal.

Quem espera repouso absoluto depois do túmulo pode, desde já, ir se desvencilhando de tal ilusão, pois é apenas uma enganosa imagem, que não tem base de sustentação na outra margem da vida.

Em atividades mediúnicas que tenho participado, na equipe dos médiuns do Amor Sem Fronteira tenho travado diálogos com Espíritos, nas mais diversas condições, das mais variadas religiões e de diferentes camadas sociais. Parece-nos que existe um despreparo individual para se confrontar as questões do Espírito. Muitos chegam na mais pungente ilusão de que ainda estão encarnados, dizendo:

– O que aconteceu comigo? Tive um desmaio e, quando voltei a mim, ninguém mais me deu atenção; na minha casa ninguém mais me ouve; os meus filhos perderam o respeito, passam por mim e fingem que não me veem; até minha mulher está diferente comigo. Além disso, fui lá na repartição que trabalhava, e colocaram outra pessoa no meu lugar. Afinal, o que aconteceu?

Temos que utilizar muito tato, pois, muitas vezes, os nossos irmãos desencarnados não estão preparados para encararem esta realidade.

Um encontro significativo foi uma noite em que, por meio de um médium, se manifestou um pastor protestante, mais ou menos nestes termos:

– Se eu não estivesse vivendo tudo isso, não acreditaria! Imaginem que quando eu passava na frente dessa casa, eu mudava de calçada, e nas minhas pregações, eu dizia aos fiéis que ali não era a Casa de Deus. Um dia, tive uma forte dor no peito, desmaiei e, quando acordei, me senti confuso. Procurei ajuda na igreja por mim liderada, mas não encontrei acolhida. Saí dali numa noite fria, quando se acercaram de mim algumas pessoas, que se ofereceram para me ajudar. Trataram-me com tanta gentileza, que aceitei o convite. Quando se dirigiram para esta Casa, que eu tanto condenara, confesso que fiquei assustado, mas daqui saía uma luz tão suave, que resolvi correr o risco. Por isso, aqui estou eu, sendo ajudado, por aqueles que eu sempre condenei, que ironia!

Esses são apenas dois, dentre milhares de Espíritos, que por intermédio da mediunidade são socorridos nos Centros Espíritas, mostrando-nos que a morte é uma caixa de surpresa, que quando aberta por cada um de nós, mostra-se surpreendente, nos seus mínimos aspectos. O contato com esses irmãos não é para que os doutrinemos, mas sim para que, por meio da pedagogia inclusiva, possamos ponderar se não estamos preparando caminhos semelhantes para nós.

Dizemos pedagogia inclusiva, pois ela nos mostra, por meio do material vivo da experiência de outrem, quais elementos podem ser incluídos com segurança em nosso cardápio existencial.

Se do outro lado da vida encontramos criaturas em condições precárias e trabalhosas, somos forçados a concluir que os que lá se encontram já estiveram encarnados, surgindo daí um dedução lógica: a de que estamos abastecendo o mundo espiritual de criaturas despreparadas, restando-nos assim a aplicação de nossa inteligência e sentimento para criarmos condições que nos favoreçam na hora do nosso "desembarque", que nos permitam uma passagem tranquila pela alfândega da desencarnação.

A nossa estada aqui pode ser classificada como temporária, por mais ginástica que façamos, ainda que nos submetamos a cirurgias plásticas, para retardarmos os efeitos do relógio biológico, realizemos massagens, utilizemos produtos para retardar os efeitos da velhice... Chega um dia em que somos obrigados a "baixar o pano", e caso não tenhamos realizado exercícios para a elasticidade das virtudes, se não realizamos cirurgias para extirparmos as mazelas do orgulho e da vaidade, se deixamos de lado as massagens da paciência e da tolerância e se o nosso corpo espiritual não tiver luz, seremos convidados pela vida a recapitularmos as lições que não foram bem fixadas.

Na pergunta 150-b, de *O Livro dos Espíritos*, Allan Kardec faz a pergunta: "A alma não leva nada deste mundo?", e os Gênios Invisíveis responderam: "Nada, a não ser a lembrança e o desejo de ir para um mundo melhor, lembrança cheia de doçura ou de amargor, conforme o uso que ela fez da vida. Quanto mais pura for, melhor compreenderá a futilidade do que deixa na Terra."

Encontramos aqui uma dupla sinalização: do profundo vínculo entre a vida presente e o nosso futuro (não há como fugir de tal equação. Cada dia damos um retoque no quadro de nossa atual existência, surgindo assim parâmetros de desperdício e aproveitamento; desinteresse e interesse...).

A outra sinalização é de que não adianta tentarmos fazer contrabando ou escamoteamento espiritual... Desejar ir para um mundo melhor está ao alcance de todos, mas, chegar lá, é outra história.

Tão maravilhosa é a Divina Misericórdia, que gestos aparentemente insignificantes podem se tornar créditos morais a nosso favor, desde que saibamos utilizá-los. A lenda seguinte nos mostra isto:

Um homem mau, ao desencarnar, encontra um anjo na porta do inferno, que lhe diz:

– Basta que você tenha feito alguma coisa boa nesta vida, e esta coisa boa lhe servirá de crédito.

O homem responde:

– Nunca fiz nada de bom nesta vida.

– Pense bem! – insiste o anjo.

O homem então se lembra de que, certa vez, enquanto andava por uma floresta, viu uma aranha no seu caminho e se desviou evitando pisá-la.

O anjo sorri, e dos céus um fio de aranha desce, permitindo que ele suba até o Paraíso.

Outros prisioneiros também querem partilhar tal bênção e se agarram ao fio. Ele os empurra, com medo que o fio se rompa. Nesse momento, o fio arrebenta e de novo ele se projeta no inferno. Então, ouve o anjo dizer:

– Que pena! Seu egoísmo transformou em mal a única coisa boa que você tinha feito!

A morte é apenas um ponto-e-vírgula, não o ponto final.

Agente Inclusucivo

Aqui na vida material somos muito mais exclusivos do que inclusivos, e vamos juntos fazer o caminho onde encontraremos as respostas dos porquês, e também poderemos viabilizar uma retificação de conduta, que nos propicie as condições necessárias para fazermos a transição para a condição de agente inclusivo.

Segundo os dicionários, exclusivo é um adjetivo com significados de exclusão, que cabe por privilégio, privativo, restrito, especial.

Vemos, por exemplo, quando uma fábrica de automóvel lança uma série exclusiva de um determinado modelo e quem o adquire tem a prerrogativa de se sentir especial. As roupas também passam por processo semelhante, porque o que mais importa é a marca, e paga-se caro por ela. Tanto é verdade que, as áreas ocupadas para divulgação da marca são cada vez maiores. Existem roupas para esqueitistas, que desconhecem a existência do esqueite. Surfistas que nunca pegaram uma onda, que muitas vezes nem sabem o significado dos nomes ali colocados. Nos aeroportos, temos também as áreas privativas de cada empresa aérea, para atendimento dos passageiros. Os publicitários também utilizam tal método, para que o consumidor adquira determinado produto.

Grandes conhecedores de psicologia social, pesquisadores dos meandros da personalidade humana, pintam com belas tintas dois agentes devastadores no campo individual: o orgulho e a vaidade, que geram uma falsa sensação de superioridade e levam a uma ilusória sensação de que felicidade está associada ao consumo, mostrando a imensa necessidade humana de autoafirmação. Mas, os objetivos presentes não visam à valorização real, pois, afinal, o carro exclusivo deixa de sê-lo e as roupas são trocadas por outras, em pouco tempo, pois são fruto do consumo de impulso.

Com certeza, necessitamos das coisas materiais em nossa vida, mas, subordiná-las ao poder de nossa vontade esclarecida é imperativo do Espírito. Como vivemos em um meio onde predomina o materialismo, temos apenas uma visão unilateral do ser. Surgem sérias dificuldades de nossa parte, para traçarmos nossas fronteiras existenciais para além do túmulo. Cabendo-nos o desenvolvimento de motivação, para que façamos investimentos em informações da vida para lá da matéria, para que o nosso suprimento interior nos dê a condição de um ser vitaminado do Espírito, robusto de alma.

Tentemos por alguns instantes fechar os nossos olhos e imaginarmos que tudo o que vivemos até agora deixou de existir, que não estamos mais neste mundo. Nós, enquanto individualidade, cessamos de interagir com as coisas, as pessoas, o seu significado em nossa vida, os nossos sentimentos se aniquilam, os pensamentos se extinguem, as afeições se dissolvem. Tudo é reduzido a nada.

O materialismo é um círculo vicioso, constantemente realimentado pela utilização irresponsável, usufruto inconsciente, desperdício inconsequente, cidadania inexistente (pois cidadania pressupõe direitos e deveres) e cegueira de Espírito. O materialismo é o grande patrocinador da visão sustentada pelos filósofos existencialistas que dizem ser "a morte a nadificação do ser", ideia que ainda provoca muitos suicídios, desencantos com a realidade, frustração existencial, levando consciências sensíveis ao mergulho no mundo das drogas e dos vícios.

Coloquemos a mão no queixo, e tentemos descobrir, por meio da meditação, se podemos nos tornar agentes inclusivos.

Tenho uma amiga, a Maria Inês, que é uma representante dos seres humanos componentes da fauna inclusiva. Em uma conversa que tivemos, certo dia, eu lhe disse que ela fazia parte da equipe inclusiva.

Pessoa entusiasta, motivada, estimulante, enfrentadora de desafios, raciocínio rápido, emocional ativo; tem a grande capacidade de agregar, favorece a união, a junção das pessoas; capta com facilidade os estados emocionais; desenvolve atitudes facilitadoras; coloca-se disponível; relaciona-se, nivelando-se com as pessoas; consegue realizar o complexo trabalho de equipe; tem alta espontaneidade; tem carisma... Ela não recebe, ela acolhe! Como todos nós, tem seus defeitos, mas está na zona luminosa do esforço sincero.

O Espiritismo coloca à nossa disposição, todo um arsenal de orientações, conhecimentos, reflexões, temas para análise, que visam à nossa participação ativa na equipe dos agentes inclusivos. Solidifica em nossa consciência alicerces que favorecem um viver qualitativo, expansivo. Fala-se tanto em globalização, que é o processo de integração entre as economias e sociedades de vários países, especialmente no que se refere à produção de mercadorias e serviços, aos mercados financeiros e a difusão de informações. Pois há um gênero de globalização, perante o qual ainda engatinhamos, que é a globalização dos conhecimentos espirituais, que é um processo que visa à integração entre as economias do mundo material e do mundo espiritual, derrubando as barreiras criadas pela ignorância, para que produzamos sentimentos, pensamentos e ações que sejam úteis no câmbio do Espírito, e possamos também nos abastecer de informações que nos facilitem as melhores escolhas.

Por meio da antena parabólica da mediunidade, somos abastecidos de notícias, que visam revolucionar nosso jeito de sentir, pensar e agir. Dando solidez e consistência para nossa realidade enquanto Espírito, detentor da imortalidade pessoal. Desmistifica as paisagens da dimensão próxima. Ela nos fornece equipamentos facilitadores para que sejamos funcionais em qualquer esfera em que estivermos. E nos dá as respostas para que atinjamos o patamar de um verdadeiro agente inclusivo.

Sócrates é o exemplo claro de um agente inclusivo, desde o momento presente (durante sua encarnação), pois ao estar próximo do epílogo, que seria sua morte, tem uma atitude surpreendente, ao dizer a um discípulo seu que estava preocupado com seu enterro:

"– Depois que tomar o veneno, não estarei mais junto de vós, mas me encaminharei para a felicidade que deve ser a dos bem-aventurados. Ele (Críton) jurou que eu ficaria no meio de vós; vós porém afirmai-lhe que não ficarei entre vós quando morrer, mas que partirei, que me irei embora! Este é o único meio de fazer com que esta provação seja mais suportável a Críton, o meio de evitar que, vendo queimar ou enterrar meu corpo, se impressione e pense que estou sofrendo dores inenarráveis, e que no decorrer dos funerais diga estar expondo Sócrates, conduzindo-o à sepultura e enterrando-o! Nota bem, meu bravo Críton: a incorreção da linguagem não é somente uma falta cometida contra a própria linguagem. Ela faz mal às almas! Não! É preciso perder esse temor. Realiza estes funerais como quiseres e como achares mais conforme aos usos."[19]

Sócrates sinaliza-nos que podemos nos tornar competentes do espírito, cabendo-nos o esforço pessoal, para que tal cometimento se concretize. E como membro da família dos agentes inclusivos, podemos nos inspirar no seu exemplo.

A sua ação denota lucidez de espírito, presença ativa de consciência sobre si mesmo, sobre o outro e sobre a vida. Ele não é o corpo, pois é um pássaro livre. Os limites da matéria são muito estreitos, limitados e insuficientes para atender todas as necessidades do Espírito.

Alonguemos as antenas sensíveis do nosso pensamento, para além das faixas materiais; que em nossas meditações incluamos a vida no Além; em nossas conversas dialoguemos sobre assuntos que superem o ramerrão comum; que os livros que lermos tenham conteúdo que enriqueçam a alma, valorizem as virtudes, incrementem pensamentos qualitativos.

Sejamos agentes inclusivos participantes na vida, integrados no grande concerto cósmico, que é o universo; e tragamos um coração pulsante na certeza de que somos luz das estrelas e fruto do amor divino com certeza!

---

[19] *Platão,* da coleção *Os Pensadores.* Editora Nova Cultural.

Imortalidade de Pessoal

Gilberto recebe a incumbência, no jornal onde trabalha, de escrever um editorial sobre os problemas com os quais se debate a humanidade, e os meios de superá-los.

Chegando em casa tenta cumprir a tarefa, mas os seus filhos, dois meninos e duas meninas, pouco colaboram, fazendo uma algazarra que o impede de se concentrar. Olhando a sua volta vê um mapa da Terra, e tem uma ideia:

– Queridos, que tal se vocês se juntassem para me ajudar? Vou pegar este mapa, rasgá-lo em mil pedaços e depois vocês formarão a Terra. Caso consigam obter êxito, eu os levarei para tomar sorvete, do gosto de cada um.

Fragmenta o mundo em pedaços e os entrega para seus pequenos heróis. E pensa consigo mesmo: Agora sim, poderei dar tratos à bola para desenvolver o artigo que me foi solicitado, pois com certeza, os anjinhos ficarão ocupados por um bom tempo, dando-me uma folga.

Mas, passados poucos minutos, mal tivera tempo de concatenar as ideias, e os quatro pequenos heróis chegam até ele esbaforidos:

– Papai, ganhamos os sorvetes, consertamos o mundo!

Boquiaberto, Gilberto não acredita:

– Como vocês conseguiram? Estava completamente despedaçado! Contem como foi.

– Sem dificuldade, papai. No começo, estava complicado, pois estávamos fazendo uma salada de frutas. Quase desistimos! Mas, aí, a Mariana descobriu o Ovo de Colombo, pois atrás do mundo havia a figura de um homem. Consertamos o homem, e o mundo ficou perfeito...

Depois de cumprir a promessa do sorvete, feita com muita alegria e felicidade, voltaram para casa. E, no dia seguinte, a edição do jornal esgotou rapidamente. Pelas ruas da cidade, muitos olhos estavam brilhantes, muitos corações emocionados, pois aquele editorial tinha o perfume do amor...

Deus, ao nos criar, não nos faz em série como as indústrias. Não há uma linha de produção na qual o Criador elabore robôs, mas sim, nos cria únicos, portanto somos uma individualidade, que é a característica de um ser possuidor de particularidades únicas e que não pode ser confundido com nenhum outro. Não pode ser dividido ou decomposto, ou desfeito, desintegrado ou dissolvido. A nossa impressão digital é uma das manifestações mais claras da característica individual de cada um de nós.

O psicólogo Carl Gustav Jung (1875-1961), abrindo visão para dimensões mais profundas da vida psíquica, aprofunda ainda mais a questão, quando traz à tona o que ele identifica como processo de individuação, que representa o momento em que o indivíduo toma consciência de suas potencialidades inatas e passa a ter uma manifestação peculiar, pessoal e intransferível, abrindo para o Espírito uma larga avenida, que indica os caminhos que levam à perfeição, favorecendo grandemente o surgimento do círculo virtuoso, do intercâmbio afetivo, mental e espiritual.

Cabe a nós não fazermos confusão com o individualismo e o egoísmo, que são a manifestação do indivíduo que vive em circuito fechado, tendo dificuldades de realizar trocas, sejam afetivas, mentais, físicas ou espirituais...

O processo de individuação permite que tiremos as máscaras da personalidade (*persona*). Os gregos empre-gavam esse nome para denominar a máscara que o ator usava, conforme o papel que ia representar, sendo portanto uma fachada de conveniência, quer no falar, no vestir, nos gestos, manifestando-se um molde externo.

O conto *O Espelho*, de Machado de Assis, ilustra com bastante clareza tal circunstância. Segundo o autor, temos uma alma que olha de fora para dentro, e outra que olha de dentro para fora. E faz a narração do caso de um jovem que, sendo segundo-tenente, se identificou de tal maneira com a patente, que ela acabou engolindo o homem.

Em certa ocasião, quando ficou sozinho em uma casa de campo, sentiu-se completamente vazio, pois ali não havia quem lhe prestasse homenagens, louvores, tapinhas nas costas... E, olhando-se no espelho, via sua imagem sem contorno, indefinida. Tal percepção o colocou em pânico. Lembrou-se de vestir a farda de alferes. "O vidro reproduziu então a figura integral, nem uma linha de menos, nenhum contorno diverso; era eu mesmo, o alferes, que achava, enfim, a alma exterior."

As ideias de Jung têm uma profunda conexão com as ideias patrocinadas pela Doutrina Espírita, que traz em seu bojo conceitos que solidificam em nossa consciência o processo de individuação, com seu procedimento lógico e racional. O grande pilar da transformação social é o indivíduo, que é a unidade que compõem a sociedade.

Em *O Livro dos Espíritos*, encontramos os princípios da Doutrina Espírita sobre a imortalidade da alma, a natureza dos Espíritos e suas relações com os homens, as leis morais, a vida futura e o porvir da humanidade, abrangendo uma gama de interesses, que dizem respeito à humanidade como um todo e ao indivíduo em particular.

O seu grande chamamento é para o indivíduo, que desperto pelos seus princípios redentores, passa a ter um roteiro seguro durante o seu trajeto na vida carnal.

Na pergunta 150 de *O Livro dos Espíritos*, temos a seguinte questão: "A alma, após a morte, conserva a sua individualidade?"

Essa é uma questão que certamente devemos pensar em nossas meditações, pois remete a um tema que diz respeito a toda Humanidade sem exclusão de ninguém, e a resposta surge clara: "Sim; jamais a perde. Que seria ela, se não a conservasse?"

Significando que somos realmente herdeiros de nossos atos, não existe mecanismo de evasão possível, não estão presentes apagadores que possam limpar a lousa de nossa consciência.

Seria um bom negócio nos debruçarmos sobre nossa encarnação, fazermos uma autoscopia – que é a visão de si próprio –, e nos perguntarmos: quais componentes estão fazendo parte hoje de nossa Imortalidade Pessoal? Qual estará sendo a qualidade dos ingredientes que temos ingerido diariamente por meio de conversas, leituras, programas de televisão, jornais, revistas, rádio, músicas, lazer, diversão, relacionamento familiar, ambiente de trabalho, relações pessoais?

Pelo relato da maior parte dos Espíritos, o grande choque que se dá na consciência, após a desencarnação, é justamente nos vermos despidos das máscaras que utilizamos, remetendo-nos assim a nós mesmos.

Já que tudo que somos tem longevidade assegurada, que sejamos inclusivos, alongando o perfil de nossas expectativas, adicionando valores, qualidades, virtudes, que sejam conversíveis na moeda do Amor.

Com a vivência da imortalidade pessoal, encontramos espaço em nossa vida para abrirmos as janelas da alma. Melhorando nossa saúde mental, percebemos que alargamos o campo ativo de nossas possibilidades, trazendo assim uma razão de ser efetiva, para os ensinamentos que Jesus sabiamente disponibiliza em seu Evangelho.

Quando Ele diz: "amai os vossos inimigos"[20], previdentemente nos faz um alerta de que aqueles de quem não gostamos, também são contemplados com a imortalidade pessoal. Os nossos desafetos são igualmente agraciados com tal condição. Os que pensamos serem inferiores a nós, estão colocados em pé de igualdade. Todos, portanto, somos sobreviventes ao túmulo, mantendo as características pessoais, prosseguindo exatamente no ponto em que paramos.

Se podemos prejudicar e não prejudicamos; se podemos retribuir o mal com o mal, e não o fazemos; se podemos criticar e não o criticamos; com certeza, estaremos colocando em ação o solvente universal de todas as mazelas: o Amor, que agregado à segunda palavra do alfabeto divino, que é a reencarnação, nos indica a presença de um fatalismo divino, que é a perfeição!

[20] Mateus 5:44 – Lucas 6:27.

Insensatez

Os Espíritos esperam que tomemos medidas preventivas, para que, ao retornarmos ao mundo original, nos sintamos um cidadão universal. Oferecem-nos um rico material de reflexão madura, para que, anexando ao nosso patrimônio, além de tudo aquilo de aquisitivo que a matéria nos proporciona, na tridimensionalidade (que se constitui de comprimento, largura e altura), façamos avanços positivos na direção da quarta dimensão, que é justamente o primeiro passo no Reino do Espírito.

Cultos externos não substituem a intransferível realização individual, ficando bem claro de que precisamos conquistar a nossa própria luz.

Os relatos que se seguem, obtidos em reuniões mediúnicas[21], nos sinalizam com clareza a importância do cultivo da espiritualidade esclarecida, para que não nos sintamos órfãos espirituais, evitando equívocos:

"– A minha Igreja deve andar mal representada por aqui, disseram-me que ficaria à direita do Pai, como eleito; que os anjos viriam me saudar tocando a trombeta da vitória, e como crente fiel, teria a vida eterna assegurada. Sabem como eu me sinto? Alguém que se limitou a ficar na infantilidade espiritual, muita gente tentou abrir meus olhos. Mas, que nada! Eu me achava um eleito, mas vejo que ainda falta muito, e o que mais me dói é que muita gente que eu desprezei, me trata de maneira carinhosa. Sinceramente, me sinto confuso..."

Outro disse:

"– Não estou entendendo direito o que está acontecendo, afinal eu fui espírita, aplicava passe, fazia palestras. Em reuniões mediúnicas, esclareci muito desencarnado endurecido. Não compreendo por que não fui bem recebido por aqui, esperava uma comissão de recepção à altura do que eu fui e fiz. Mas fui recebido por um grupo de socorristas tão humildes, que fiquei decepcionado, onde estavam os grandes Espíritos? Eu merecia coisa melhor, afinal sempre fui "espírita de carteirinha"; vocês podem me explicar o que está acontecendo?"

São apenas dois exemplos, dentre muitos, que nos mostram os resultados da insensatez, em qualquer existência.

---

[21] Mensagens recebidas no grupo de psicografia do Centro Espírita Aprendizes do Evangelho – Vila Manchester, São Paulo/SP.

Insensatez é uma palavra na qual o prefixo "in" é que faz a grande diferença, sendo ela negativa, significa ausência, e nos caminhos do Espírito podem fazer uma diferença significativa.

Jesus, em uma de suas parábolas[22], oferece-nos o esclarecimento necessário:

"Então um homem lhe disse do meio da multidão: Mestre dizei a meu irmão que divida comigo a herança que nos coube. Mas Jesus lhe disse: Ó homem! Quem me estabeleceu para vos julgar ou para fazer vossas partilhas? Depois lhe disse: tende cuidado em vos guardar da avareza: porque em qualquer abundância que o homem esteja, sua vida não depende dos bens que ele possua."

E lhes disse em seguida esta parábola. "Havia um homem rico, cujas terras tinham produzido extraordinariamente; e ele mantinha em si mesmo estes pensamentos: Que farei, porque não tenho lugar onde possa encerrar tudo que colhi? Eis, disse ele, o que farei: derrubarei meus celeiros e os construirei maiores e aí colocarei toda a minha colheita e todos os meus bens; e direi à minha alma: Minha alma, tu tens muitos bens reservados para vários anos; repousa, come e bebe, ostenta. Mas Deus ao mesmo tempo disse a esse homem: insensato que és! Vai ser retomada tua alma esta noite mesmo; e para quem será o que amontoaste?

É isso que acontece àquele que amontoa tesouros para si mesmo, e que não é rico diante de Deus."

Quando Jesus dá a primeira resposta, Ele quer dizer que para mediar aquele conflito, havia a justiça, que

[22] Lucas 12:13-21.

poderia estabelecer qual parte caberia a cada um. Mas o que Ele lê no coração daquele homem é a presença da avareza, que joga o seu portador nos braços de situações aflitivas e dolorosas. E sabemos o quanto são trabalhosas as partilhas de herança, pois existe grande dificuldade em se satisfazer os interesses conflitantes, gerando, em muitas ocasiões, afastamentos afetivos pelos supostos interesses lesados.

É importante atentarmos que a riqueza em si não é um mal, pois se assim fosse, Deus estaria votando uma parte da sua criação, que são os ricos, à perdição espiritual, o que é incompatível com os padrões divinos de justiça e equidade. A complicação está no ser humano, que abusa da riqueza e acredita serem tais concessões, privilégios, quando na realidade são oportunidades de cooperação que o Criador faculta, para que os Espíritos temporariamente revestidos de tal situação sejam instrumentos efetivos de bem-estar coletivos.

A riqueza é um dos instrumentos do progresso e os que são mordomos dela, com certeza, responderão pelo rendimento espiritual dos bens materiais, em suas mãos confiados.

Na parábola relatada por Jesus, encontramos elementos muito interessantes. Primeiro, temos um quadro de abundância, pois como as terras eram férteis, houve uma grande produtividade. Observemos que em momento algum o homem agradece ao Criador, trazendo à tona a insensatez da ingratidão. Tampouco valoriza seus empregados, sem os quais, sozinho, pouco poderia fazer, apresentando um quadro perfeito de avareza, egoísmo e cegueira espiritual. Não pensa em dar o excesso, para quem precisa. Pensa, sim, em construir celeiros maiores, denotando insensatez do materialismo, embriagado pelas sensações que a riqueza lhe propicia, perde a noção de que é apenas um mordomo de Deus.

Quando esse homem desencarnar, a sua entrada além-túmulo se dará sob os auspícios do apego, preocupação, desejo de continuar a gerenciar seus negócios, e poderá ainda se mostrar um ferrenho defensor do que ele presume que seja seu patrimônio, agredindo a todos que lhe sugiram atitude diferente, mostrando no plano espiritual os tristes quadros de loucura e insanidade.

No capítulo 18 do livro *No Mundo Maior*[23], André Luiz reencontra seu avô, que havia desencarnado, há mais de 40 anos, que carregava placas de lodo, de encontro ao peito, na ilusão de que ainda tinha a sua fortuna:

"– Cláudio M..., sois vítima de lamentável engano. Vossa casa antiga cerrou-se com os olhos físicos que já desapareceram! Encarcerastes o Espírito num sonho vão de mentirosas riquezas. A morte vos arrebatou a alma do domicílio carnal, vai para mais de quarenta anos.

O ancião esbugalhou os olhos angustiados. Não relutou. Desatou em pranto convulsivo, dilacerando-me as fibras mais íntimas.

– Bem o sinto! – murmurou, inspirando compaixão. – Tenho a cabeça afogueada, incapaz de raciocinar; mas... e o ouro, o ouro que ajuntei com tanto suor?

[23] Francisco Cândido Xavier / André Luiz. Editora FEB.

– Reparai vossas mãos, agora que divina claridade vos bafeja o Espírito! O patrimônio, acumulado à custa das dificuldades alheias, converte-se em lodacentos detritos. Notai!

Meu avô pôs-se a contemplar as massas de lama que sobraçava, e gritou aterrorizado."

Esse relato pode ser vivido por qualquer um de nós, é pungente, é dorido, mas é real. Quantos dramas desse teor, neste exato momento, não estão tendo o seu desfecho? Pode parecer realista demais, mas mostra o quanto a imprevidência de espírito pode trazer dissabores, em nossa vida no Além. Jesus, com sua sabedoria, sinaliza que amontoar bens na Terra, sem alicerces espirituais, significa a desmobilização do imenso capital espiritual, que o capital material pode nos propiciar.

Mas a insensatez da cegueira espiritual nos leva a trocar a realidade pela ilusão, o essencial pelo acessório.

Tal situação não é eterna, mas, convenhamos, ela pouco tem de agradável e satisfatória, confortável e prazerosa.

Felizmente podemos fazer escolhas diferentes. Havendo alternativas que nos tragam resultados favoráveis. Opções que sejam facilitadoras, para que nosso estado de espírito seja da melhor qualidade.

Jesus, tomando medidas profiláticas, nos alerta sobre as consequências da avareza na consciência humana, e no encontro de André Luiz com seu avô temos o resultado claro que embarcar na insensatez é "uma canoa furada."

Sensatez

Quando fizermos a passagem, pela alfândega da eternidade, teremos conosco, exclusivamente, a bagagem do que houvermos semeado; significando que os degraus para situações espiritualmente favoráveis começam a partir daqui, onde estamos. Estimulemos os nossos neurônios pela nobreza de nossos pensamentos; que os nossos olhos percorram páginas edificantes; que os nossos ouvidos absorvam melodias harmoniosas; que as nossas mãos sejam instrumentos de bênçãos.

Não estamos aqui para matarmos o tempo, mas, sim, para dar-lhe um emprego digno e racional.

Aplicamos, com certeza, uma parte da nossa vida nas realizações espirituais, mas estejamos atentos quanto à sua qualidade essencial, pois não basta que estejamos filiados a um dos diversos segmentos espirituais, que hoje estão à nossa disposição. Podemos ter a rotulação, de católico, evangélico, budista, muçulmano, judeu, umbandista, espírita, que sinaliza a periferia de espiritualidade pessoal, ou seja, caso não se transforme em instrumento real de espiritualização, não servirá de avalista quando chegarmos do outro lado da vida.

Os adornos exteriores não são suficientes para que atinjamos a região da espiritualidade superior. As religiões são a casca, mas a qualidade do fruto corre por nossa conta. Quando o Instituto Brasileiro de Geografia e Estatística – IBGE faz o censo da população, é feita a indagação: Qual a sua religião? E, de boca cheia, dizemos a que grupo nos filiamos.

Mas tal informação terá também seu equivalente no plano espiritual? Haverá um vínculo real entre o que dizemos e o que fazemos? Estaremos sincronizando o homem material com o homem espiritual? Entre o berço e o túmulo, estaremos utilizando com sabedoria o usufruto dos bens materiais, como instrumentos de aperfeiçoamento espiritual?

Afinal, os pais espirituais das diversas religiões permanecem em cartazes e imagens, adornos e poemas, medalhas e filmes, cânticos e sermões, disputas e discursos, estudos e narrativas.

Jesus, Buda, Maomé, Moisés, Martinho Lutero, Allan Kardec, e diversos outros, vêm abrir picadas, na densa selva da mente humana, tentando facilitar a penetração dos raios do sol do Amor Divino, mas tudo isso somente será significativo se os ensinamentos vivos, que eles transmitiram, estiverem na consciência e no coração.

Eles nos disponibilizam os caminhos seguros da sensatez, como facilitadores, da evolução individual, propulsores da motivação interior, patronos da poderosa revolução interior. Oferecem opções de conteudo proativo.

Precisamos deixar posições, sensabor, insípidas, do ponto de vista espiritual, para posições nutritivas, saborosas, prazerosas espiritualmente. Poderíamos, desde já, nos colocar na luminosa condição de um Espírito consciente?

A resposta é sim! No livro *Obreiros da Vida Eterna*[24], encontramos uma equipe que vem do plano espiritual acompanhar a desencarnação de cinco pessoas, e uma delas, o Fábio, apresenta a condição do sensato espiritual.

Fábio, já em idade madura, apresenta um quadro de tuberculose e dialoga com a esposa e seus dois filhos sobre a sua desencarnação, passando-lhes um sentimento positivo e sereno. A sua mente estava iluminada, demonstrando, assim, o quanto sua vida mental era saudável, favorecendo a lucidez. Ele, inclusive, procura imunizar os seus corações contra os desanimados de plantão, que poderiam tentar inocular neles o vírus do "morreu acabou."

Revelava uma condição que todos nós podemos alcançar, que é a tranquilidade, a confiança e a coragem.

---

[24] Francisco Cândido Xavier / André Luiz. Editora FEB.

Ele, inteligentemente, classifica a desencarnação como a viagem da renovação, colocando-se em um nível de consciência clara e lúcida, com absoluta transparência espiritual.

Ele movimenta seu patrimônio espiritual, autossustentando-se com as próprias conquistas. E, atentemos que sua condição social não era das mais privilegiadas. Do ponto de vista social, não possuía destaque maior, mas é a demonstração de que somente morre bem, quem sabe viver bem!

Sabemos o quanto a prudência é importante nos caminhos do Espírito, predispondo-nos à cautela, dentro de um rigoroso padrão de qualidade interior, descartando aquilo que não seja produtivo.

Quando temos presente em nossa vida o agir com senso, nosso raciocínio se aprofunda nas questões transcendentais, nossa sensibilidade ultrapassa a barreira dos cinco sentidos e descortinamos horizontes muito mais promissores do que a vida material.

Fábio, sabiamente, introduziu na sua casa a prática do Evangelho no Lar, força poderosa para a consolidação dos alicerces espirituais da família e, após o término da reunião, segue-se um momento tocante, descrito no capítulo 16 – Exemplo Cristão:

"Terminada a rogativa e quando os pequenos beijavam sua mamãe, antes do sono tranquilo, o enfermo pediu à esposa, com humildade:

– Mercedes, se você concorda, sentir-me-ia feliz por beijar hoje os meninos...

A senhora aquiesceu, comovida.

– Traga-me um lenço novo – solicitou o esposo, enternecido.

A dona da casa, em poucos instantes, apresentava-lhe alvo fragmento de linho. Emocionado, vi que o pai cristão aplicou o nevado pano à cabeleira das crianças e beijou o linho, ao invés de oscular-lhes os cabelos. Contudo, havia tanta alma, tanto fervor afetivo naquele gesto, que reparei o jato de luz que lhe saía da boca, atingindo a mente dos pequeninos. O beijo saturava-se de magnetismo santificante. Jerônimo, comovido de maneira especial, dirigiu-se a mim, em voz sussurrante:

– Outros verão micróbios; nós vemos amor...”

Que bela estética espiritual, muito mais valiosa do que muita estética corporal, uma é a manifestação do poder do Espírito; a outra representa o cuidar da matéria; uma intrínseca, a outra extrínseca, uma ligada ao Espírito Imortal, a outra atendendo um corpo perecível; uma que fortalece a ideia de que somos feitos da luz das estrelas; outra que somos feitos do barro da terra.

Surgindo de maneira bem clara, diante dos nossos olhos, que devemos cuidar do corpo, valioso instrumento do Espírito; mas que cuidados merecerá quem utiliza tal instrumento? Estaremos acionando os mecanismos que favoreçam qualidade na vida espiritual?

Atentemos para a beleza do quadro espiritual composto por Fábio e seus familiares, aproximando do nosso campo de realização, possibilidades muito maiores do que possamos imaginar.

Temos nos ensinamentos de Jesus uma diretriz confiável para os nossos passos, favorecendo muito a emersão de virtudes, que são ótimas patrocinadoras de espiritualização. Surgindo assim o imperativo de que além do Espiritismo, para lá do Espiritualismo, acima de qualquer denominação religiosa, superando os dogmas, deixando para trás rituais, libertando-nos das fantasias religiosas, temos um caminho a trilhar que é o da espiritualidade. Campo onde podem se acomodar pessoas de qualquer religião, filosofia, ideologia, mesmo os ateus. Em *O Livro dos Espíritos,* na pergunta 85, temos este questionamento: "Qual dos dois, o mundo espírita ou o mundo corpóreo, é o principal, na ordem das coisas?." E os Espíritos respondem: "O mundo espírita; que preexiste e sobrevive a tudo."

É aí, portanto, que se encontra a condição do desenvolvimento da espiritualidade inerente a todos os Espíritos criados por Deus, pois, como sabemos, a Lei de Deus está escrita em nossa consciência, não existe quem não esteja subordinado aos parâmetros divinos, mesmo que assim não o acreditemos.

É importante que nos lembremos que a palavra espiritualidade é um adjetivo, que indica qualidade, caráter, modo de ser ou estado.

Com a mobilização da sensatez, o estado de espiritualidade se manifestará em nós espontaneamente. Será decorrência do processo de maturidade interior, ponderação serena e análise criteriosa.

Em nosso processo de destilação espiritual, deixemos na matéria realizações duradouras e qualitativas e, no mundo incorpóreo, conquistas intransferíveis!

Estado de Espírito

Muitas vezes dizemos: "estou aqui de passagem", mas as nossas atitudes não revelam a mesma condição. Elas demonstram um exagerado grau de dependência dos aspectos materiais da vida. Não levamos em consideração os aspectos temporários, que revestem a experiência carnal. Tanto é verdade, que usamos muito os pronomes possessivos, meu, minha, teu, tua, seu, sua, nosso, nossa, vosso, vossa, com relação a pessoas e objetos.

Mesmo aqui, na vida material, não podemos carregar conosco tudo aquilo que possuímos: quem tem dinheiro, guarda-o no banco, como medida de segurança; quem possui vários pares de sapatos, utiliza um de cada vez; as diversas peças de roupa em um guarda-roupas são colocadas uma unidade de cada vez; quem dispõe de joias, não as coloca todas de uma vez; mesmo uma pessoa que possua diversas casas, somente uma delas lhe servirá de domicílio, representando uma manifestação da inteligência divina, para que nos lembremos que nada poderemos levar de material, sendo impossível burlarmos, tal condição.

Mas, acorrendo à mitologia grega, dispomos do fio de Ariadne:

Todos os anos, sete rapazes e sete moças de Atenas deveriam ser entregues ao terrível Minotauro, que tinha cabeça de touro e corpo de homem e se alimentava de carne humana.

Teseu, filho do rei Egeu, substituiu um dos jovens, pois se sentiu na obrigação de honrar sua pátria. Quando foi anunciada a chegada do navio de Atenas, os habitantes da ilha de Creta vieram assistir ao desembarque dos passageiros. O labirinto do Minotauro era um conjunto de corredores, salas, passagens e atalhos intrincados, construído de tal modo, que aqueles que enveredavam por eles não conseguiam mais sair e acabavam sendo devorados pelo monstro.

Assim que se viram, Teseu e Ariadne se sentiram atraídos. Ele prometeu-lhe que se casaria com ela, se saísse vivo daquela aventura. Comovida, Ariadne entregou ao seu amado um novelo de linha. E lhe disse:

– Vou ficar segurando uma das pontas desta linha. Vá desenrolando o novelo, à medida que for se aprofundando no labirinto. Para voltar, é só seguir o fio desenrolado. Não há como errar.

O grupo de vítimas entrou no labirinto e desapareceu. E Ariadne seguia pelos movimentos da linha, os movimentos de Teseu. No fio, o reflexo de uma luta feroz. Gritos confusos, seriam de alegria, de tristeza ou de pavor? Depois, a linha passou a se mover mais rapidamente e com maior firmeza. Teseu estava salvo! O Minotauro sucumbira.[25]

Podemos considerar a Doutrina Espírita uma maravilhosa Ariadne. Por meio dela, dispomos de meios para reduzirmos o Minotauro do materialismo, pai do medo e da ignorância, a uma condição bem insignificante em nossas ações na vida. E também algo muito importante: ela nos acompanha, tanto na entrada, como na saída do labirinto. Ou seja, tanto na encarnação, quanto na desencarnação, tendo as qualidades de uma companheira leal, presente em todos os momentos, oferecendo-nos um patrocínio integral, desintegrando em nós os fantasmas assustadores sobre a realidade extrafísica.

O labirinto do ciclo encarnatório, sob os auspícios das informações que ela nos disponibiliza, torna-se mais aceitável, facilitando-nos um estado de saúde espiritual invejável, dando-nos a robustez necessária para que o empreendimento da encarnação nos conduza a um desfecho positivo. Com essa condição, dificuldades, obstáculos, problemas e decepções são catalogados à conta de desafios, que são estímulos para que desenvolvamos

[25] Thomas Bulfinch. *O Livro de Ouro da Mitologia – Histórias de Deuses e Heróis*. Editora Ediouro.

as infinitas potencialidades maravilhosas de que somos detentores, por nossa origem divina, sem receios.

Compete a nós utilizarmos inteligentemente esse fio, para que ele seja resistente o suficiente para sustentar o nosso peso, quando se fizer necessário.

Já que o Espírito é o princípio imaterial, parte incorpórea do ser humano, quando nos dedicamos a cultivar o Espírito, somos convidados a colocar em ação instrumentos que levem ao desenvolvimento dos germens divinos que ainda estão adormecidos em nós: conhecer-se, compreender-se, admirar-se, auto-observar-se e perceber-se como o elemento mais importante na Obra da Criação. E, para que o solo seja fértil, é importante a presença da água pura dos bons sentimentos; o adubo da fé raciocinada e o sol da esperança a nos aquecer. Desta forma, surgem condições amplamente propícias para que ajamos com um estado de espírito vivo, pois muitos de nós temos as características de um vivo-morto, que acaba deixando enferrujar as ferramentas que o Criador coloca ao nosso dispor.

Cada um de nós é um Espírito com aptidão especial. Alguns são inventores, outros cantores, músicos, professores, médicos, garis, escritores, juristas, donas de casa, e tantas outras vocações, que aqui não é possível enumerar, mas que essas qualificações sejam também úteis na vida espiritual; afinal, se a vida continua, com certeza, pode esquecer de que haverá descanso eterno!

Como na natureza nada é estático, com o Espírito não poderia ser diferente. A progressão é um imperativo da Lei do Progresso e, desde que nos ajustemos naturalmente aos seus artigos, parágrafos e incisos, obteremos êxito na melhora de qualidade da nossa condição de espiritualidade, surgindo uma área simpática, para que consigamos captar quais são as diretrizes estabelecidas pelo Criador a nosso respeito. Para que as entendamos e as concretizemos.

Com estas dicas, podemos então mobilizar o nosso estado de espírito esportivo, apagando da nossa enciclopédia pessoal zanga, mau humor, irritação, nervosismo, impaciência, que são patrocinadores de grandes confusões, desinteligências, agressões físicas, quando não, desencarnações prematuras. Também favorecem a ligação com habitantes do mundo astral em idênticas condições. E escrevendo, com letras garrafais, palavras como bom humor, serenidade, tolerância, afabilidade, meiguice, doçura, estaremos abrindo as portas da ligação com os bons Espíritos, que silenciosamente nos incentivam pelo seu exemplo, para que os imitemos.

As informações oriundas do mundo espiritual para cá têm características didáticas, ou seja, possuem o objetivo de orientar nossa aprendizagem, para que desenvolvamos a Pedagogia do Espírito em plenitude.

Elas não visam pintar quadros dantescos, assustadores, geradores de estados fragilizados, mas, sim, nos preparar, para nossa vida no Além; propiciar para nós recursos de ordem pessoal, para que não haja surpresas desagradáveis.

Quem não gosta de comer um pão gostoso, quentinho, saído do forno, sendo um alimento diário, presente na maioria das mesas? Mas, sem a presença do fermento, agente que provoca a fermentação, a massa alimentícia não cresceria. Ele gera crescimento, agitação, movimento.

Paulo de Tarso, em sua primeira epístola aos Coríntios, capítulo 5, versículo 6, dá mostras de conhecer bem tal processo, pois escreve: "Não sabeis que um pouco de fermento leveda toda a massa?"

Ele nos compara a um fermento espiritual, em nossa capacidade de influenciarmos as existências alheias, como também de recebermos influências externas.

Nosso estado de espírito é fundamental para que fermentemos comportamentos afirmativos, de longo alcance, grande profundidade e irradiação qualitativa. É nossa carteira de identidade, tanto aqui, como na dimensão próxima.

A base da fermentação espiritual é o nosso pensamento, pois onde estivermos, no tempo e no espaço, primeiramente ele promove as atitudes, depois promove hábitos, na sequência controla expressões e palavras por meio das quais, como individualidade, interferimos na vida e no mundo.

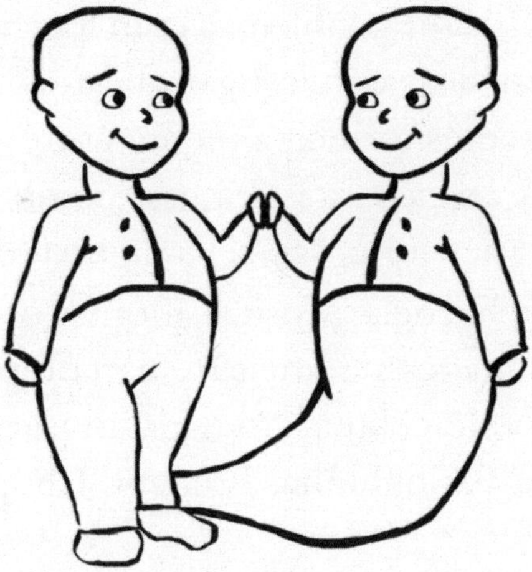

Viver Bem Para Bem Morrer

Howard Gardner, professor de pós-graduação da Universidade de Havard, em seu livro *Inteligência, Um Conceito Reformulado*[26], nos conduz pelos meandros da inteligência humana e nos propõe a existência de sete inteligências humanas distintas:

A Inteligência Linguística, que envolve a sensibilidade para a língua falada e escrita, aprender idiomas. Advogados, escritores, locutores... têm inteligência linguística elevada. Observemos, por exemplo, o escritor Guimarães Rosa e o tribuno baiano Divaldo Pereira Franco.

---

[26] Editora Objetiva.

A Inteligência Lógico-matemática abrange a capacidade de analisar problemas com lógica, realizar operações matemáticas e investigar questões cientificamente, sendo presentes, principalmente entre os matemáticos, os lógicos e os cientistas. Figuras como Albert Einstein, Pierre e Marie Curie, são seus dignos representantes.

A Inteligência Musical motiva o desenvolvimento de habilidades na atuação, na composição e naquilo que se pode chamar "ouvido musical." Ludwig Van Beethoven, Pixinguinha, Frederic Chopin têm a bossa da música.

A Inteligência Físico-sinestésica propicia o potencial de se usar o corpo (como a mão ou a boca) para resolver problemas ou fabricar produtos. Como exemplo deste grupo temos os dançarinos, os atletas e os atores. A ginasta Daiane dos Santos, o jogador de basquete Oscar Schimidt e os pintores sem mãos fazem parte dessa equipe.

A Inteligência Espacial tem o potencial de reconhecer e manipular os padrões do espaço. Manifestandose por meio de navegadores, pilotos de avião, arquitetos, escultores, jogadores de xadrez. Cristóvão Colombo e Oscar Niemayer são alguns detentores dessa inteligência.

A Inteligência Interpessoal é a que denota a capacidade de entender as intenções, as motivações e os desejos do próximo. É, por consequência, uma facilitadora de relações saudáveis. Professores, vendedores, líderes religiosos e líderes políticos a aplicam largamente. O Dalai Lama, Betinho e Chico Xavier são seus representantes.

A Inteligência Intrapessoal envolve a capacidade de a pessoa se conhecer; de ter um modelo individual de conduta eficiente – inclusive os seus desejos, medos e capacidade de usar tais informações com eficiência, para regular a própria vida.

Como está a sua Inteligência Intrapessoal? Logicamente que podemos ter germes de todas elas, mas haverá uma que é dominante, que se manifestará com maior força. Mas Gardner nos reserva mais surpresas ao aumentar a sua lista em mais três manifestações da Inteligência Múltipla, que são:

A Inteligência Naturalista, que permite o reconhecimento e a classificação de numerosas espécies – flora e fauna – de seu meio ambiente. Vamos encontrá-la nas figuras do biólogo, do engenheiro florestal, do índio, do curandeiro...

A Inteligência Espiritual favorece a exploração – com o sentido de pesquisar, estudar, tentar compreender – do ser humano em suas múltiplas formas de manifestação, facilitando que surja a religião individual, de acordo com o nível de consciência de cada um.

A Inteligência Existencial é a capacidade de se situar ante os limites, que são o macrocosmo e o microcosmo, como também obter sucesso com relação aos elementos da condição humana, como o significado da vida, o sentido da morte, o destino final do mundo físico e psicológico e o valor das relações nos seus variados graus.

Inspirado pelas ideias de Gardner, neste capítulo, busco tratar do tema central deste livro, que é a morte.

A conexão entre morte e vida é tão profunda, que somos convidados a encará-las como etapas de um mesmo processo.

Que tal ativarmos a inteligência intrapessoal, pois ela abre a porta do autoconhecimento, que torna nossa ação em todos os outros setores da vida significativos, e dentro de um contexto?

Com a boa comunicação íntima, o relacionamento interpessoal é qualitativo, tanto como encarnado, como desencarnado.

Agora, como exemplo de inteligência espiritual e existencial, apresento Fábio, que durante sua encarnação não agiu como um ser transitório, mas sim como um ser imortal. Vamos encontrá-lo no livro *Obreiros da Vida Eterna*[27]. No capítulo 11, os novos amigos espirituais comentam a seu respeito:

"– Nosso amigo Fábio, em véspera da libertação, sempre colaborou com dedicação nas obras do bem. ... É, porém, homem equilibrado, amante da meditação e da espiritualidade superior e em razão disso, desde a juventude, tornou-se excelente ministrador de energias magnéticas, colaborando conosco em relevantes serviços de assistência oculta. Vários mentores de nossa colônia têm em alta conta o seu concurso. Há muitos anos que se dedica ao estudo das questões transcendentes da alma e formou-se na academia do esforço próprio, a fim de ser-nos útil.

Livre de sectarismo, infenso às paixões e amante do dever, nosso irmão Fábio instituiu, desde os primei-

[27] *OP.* **Cit.**

ros dias de matrimônio, o culto doméstico da fé viva, preparando a esposa, os filhinhos e outros familiares no esclarecimento dos problemas essenciais da compreensão da vida eterna. Em virtude da perseverança no bem que lhe caracterizou as atitudes, sua libertação ser-lhe-á agradável e natural. Soube viver bem, para bem morrer. (...)

(...) A tuberculose minara-lhe os pulmões... Fábio, a rigor, não precisava de apoio para a fé que nutria. Revelava-se tranquilo e confiante, e, embora o abatimento natural em seu estado, ia ensinando aos seus inesquecíveis lições de coragem e de valor moral."

Que currículo de vida qualitativo, quanta paz espiritual, quantas bênçãos transmitidas! Em um quadro de completo anonimato, edificações duradouras, estabelecidas no solo do Espírito. Que fé admirável, lúcida, serena!

Sua condição, na véspera da desencarnação, dá-nos diretrizes positivas do quanto investirmos em nossa espiritualização dá retorno! Existe uma correlação poderosa entre uma vida saudável e saudável desencarnação. As múltiplas inteligências nos mostram as diversas habilidades desenvolvidas ao longo das encarnações.

Gardner assim conceitua inteligência: "Ela é um potencial biopsicológico para processar informações que pode ser ativado num cenário cultural, para solucionar problemas ou criar produtos que sejam valorizados numa cultura."

A nossa humanidade ainda não ativou seus potenciais, que em sua maioria estão adormecidos. Um elemento como o Fábio é uma exceção à regra. Ele usa a sua inteligência dentro do contexto proposto por Gardner, ativando o seu potencial, estando encarnado. Parte, portanto, do biológico (físico, encarnação) para a psique (alma). Processa as informações por meio do estudo, para colocá-las em ação no contexto cultural em que vive, sendo luminosa ponte por onde transitam os valores espirituais, tanto para ele como para seus familiares e o próximo também.

Se manifestamos a Inteligência Linguística, que tal habilidade seja veículo para promoção humana, elevação do Espírito e valorização da vida.

Se nos identificamos com a Inteligência Lógico-matemática, que concretizemos equações de bons sentimentos e pesquisemos o mundo das causas.

Que os acordes musicais excitem nossa Inteligência Musical, mas que conduzamos, com a nossa arte, as pessoas para mais perto de Deus.

Se temos inclinação para a Inteligência Físico-sinestésica, que o nosso corpo seja um veículo de beleza e sensibilidade.

Que os nossos propósitos, por meio da Inteligência Espacial, tornem o planeta uma habitação digna da criação Divina.

Com certeza, se a Inteligência Interpessoal é o nosso ponto forte, que transmita ao mundo a mensagem de que viver vale a pena!

Agora, a Intrapessoal é particularidade de cada um, da intimidade do ser...

Na inteligência Espiritual e Existencial, a Doutrina Espírita é imbatível, ilumina nosso caminho, tanto agora, como depois.

Que elas possam ser instrumentos de libertação; que nos ajudem a escrever na atual encarnação a história de quem sabe viver bem, para bem morrer.

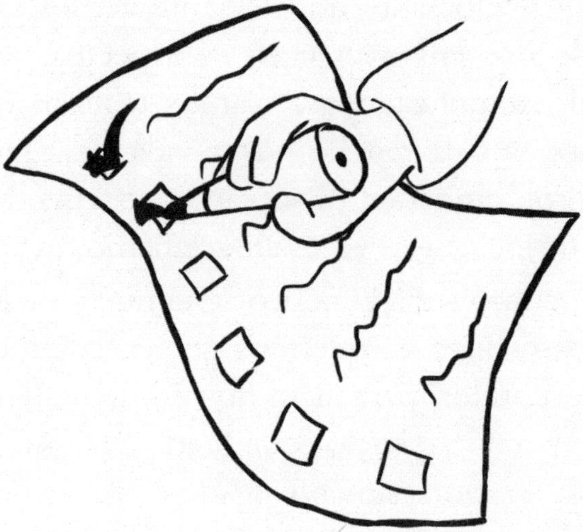

Fazendo a Pauta

Não existe uma linha demarcatória rígida entre vida e morte, encarnação e desencarnação, pois existem muitos vivos-mortos, que não despertaram ainda para sua realidade espiritual, e mortos-vivos que procuram nos despertar do sono letárgico existencial para a zona da consciência ativa.

Em nossa vida frenética, seria importante um momento de pausa por meio da meditação produtiva, para que aprofundássemos questões que digam respeito à nossa vida como um todo, desde aspectos básicos do cotidiano, até ao nível da vida extrafísica.

O retorno que tal atitude nos propicia é imensamente superior ao investimento de tempo dedicado.

Nós, domiciliados aqui no Ocidente, temos grande facilidade de nos envolver com os aspectos periféricos, como por exemplo, quando vamos realizar a troca de carro. Esse fato preenche nossa vida, seja em nossos pensamentos, emoções, observações, é tema de conversas, troca de ideias, e às vezes até sonhamos essa situação.

Mas, como seria benéfico se também incluíssemos em nossas meditações questões que excedam os limites dos cinco sentidos, para além do véu da matéria, habilitando-nos para o exercício equilibrado de nossa condição de Espírito temporariamente ligado a um corpo físico!

Segundo o Irmão Jacob[28], de cada nove pessoas aqui encarnadas, seis caminham da Irracionalidade para a Inteligência, ou da Inteligência para a Razão; e três caminham da Razão para a Humanidade. Com tal estatística, podemos perceber que existe uma utilização doentia da inteligência nos seus diversos aspectos, quando dois terços da Humanidade realiza uma trajetória profundamente sensorial (por meio dos órgãos do sentido). Existe um quadro que favorece, grandemente, a valorização dos aspectos materiais da vida, sendo uma decorrência natural a desvalorização do que proponha ir além de tal limite. Mesmo fazendo parte de religiões, tais indivíduos ainda não estão aptos a irem além das formalidades externas e rituais, pois quem de nós, estando em uma zona de comodidade, vai querer sair dela espontaneamente?

Mas existe uma terça parte restante, que caminha da Razão para a Humanidade, para a qual devemos nos

[28] Francisco Cândido Xavier / Irmão Jacob. *Voltei*. Editora FEB, cap. 17.

empenhar em fazer parte. E, para que isso ocorra, não podemos dispensar o esforço próprio. Primeiro, porque iremos compor uma minoria, surgindo a consciência de que o bem não se realiza sem esforço. Segundo, é importante estarmos munidos de coragem, para rompermos com condicionamentos milenares, quer sejam filosóficos ou científicos, mas, principalmente, os dogmas religiosos, que são poderosas travas impeditivas da libertação da consciência. É necessário que sejamos pessoas articuladas, desenvolvendo um pensamento harmônico e coerente, facilitador da expressão viva do Espírito, tanto aqui como no Além.

Compreendendo as questões da vida eterna antecipadamente, ativaremos a inteligência espiritual, realizando desde já sua implementação em nossa visão de mundo, acrescentando elementos que sejam inclusivos, que favoreçam o enriquecimento dos aspectos físico, mental, social e espiritual.

Nós temos o mapa das informações oriundas dos Espíritos, que é a representação, em escala menor, do país além-túmulo, com suas paisagens, localidades, condições sociais, habitantes, estado mental, relações sociais e muito mais. Mas sabemos que o mapa não é o território. No mapa, estamos a distância, no território, próximos; no mapa, redução; no território, a realidade; no mapa, o conforto da dúvida; no território, o campo da certeza. Tanto é verdade, que ao observarmos o Monte Everest em um mapa, ele nos parece inofensivo, mas ao chegarmos ao seu sopé, descobrimos que para alcançar seus 8.848 metros, é necessário profundo conhecimento do território, caso contrário, tal realização é impraticável e até mortal.

As paisagens da realidade extrafísica seguem o mesmo caminho, os Espíritos nos trazem o mapa, mas o território é muito mais complexo, rico de particularidades.

Quando o Irmão Jacob nos informa que dois terços da Humanidade ainda se encontra em um estágio primário, ele nos mostra o mapa em uma superfície plana, em escala reduzida, como a nos dizer, "olhem o que vocês são." Agora, o território espiritual tem as mesmas características, mas com adicionais de que ali a vida reflete a realidade intrapessoal, sendo os panoramas percebidos sem retoques ou maquilagem, surgindo daí, com certeza, surpresas e imprevistos.

Mesmo tendo a nossa disposição o mapa que são as obras básicas da codificação espírita, *O Livro dos Espíritos, O Livro dos Médiuns, O Evangelho segundo o Espiritismo, O Céu e o Inferno* e *A Gênese,* apinhadas de ensinamentos e informações, que nos capacitam o entendimento do abecedário da vida maior, ainda temos sérias resistências para considerarmos seu conteúdo real e verdadeiro, mantendo-nos em "cima do muro", adiando realizações imortais, deixando para um depois indefinido.

As inteligências invisíveis nos fazem a sugestão para sermos empreendedores do Espírito, executando os programas que são estabelecidos pela Lei Divina, por meio das Leis Morais, pois, como conhecedores do território extrafísico, por meio do mapa, mostram-nos o melhor roteiro possível a ser seguido pela individualidade imortal.

Assim como os programas de televisão têm sua pauta do dia, para ser seguida na sequência correta, nós também temos a possibilidade de inserirmos em nossas vidas uma pauta, em que relacionemos o que é importante ou fútil; transitório e essencial; qual nosso foco de interesse, nossas motivações reais.

No começo de cada dia, podemos estabelecer qual será nossa pauta, planejando o desenvolvimento de atitudes que tenham conteúdos afirmativos. Elaborando uma estratégia comportamental inclusiva, composta de alegria, bom humor, cortesia, generosidade, compreensão e muito amor. Uma atitude importante é não deixarmos nas mãos de terceiros a decisão do que vamos fazer.

Uma amiga minha, a Marilu, certo dia me disse que ia sempre em um supermercado e cumprimentava educadamente a operadora de caixa, que mal olhava em seu rosto. Um dia, seu marido comentou:

"– Não entendo por que você ainda cumprimenta essa moça, ela é tão mal educada!

– Meu bem, você não acha que será uma atitude desinteligente da minha parte, se eu deixar que ela determine o meu modo de agir?" – perguntou Marilu.

Temos aqui um convite para que coloquemos em nossa pauta existencial comportamentos que promovam nossa harmonização com as divinas leis, para que, no trânsito da vida, nos coloquemos no fluxo correto. Que na ordem do dia, tenhamos atitudes inteligentes, não apenas do ponto de vista intelectual, mas abrangendo o homem integral, aquele que sobrevive além-túmulo.

As riquezas espirituais decorrem, não de circunstâncias externas, mas sim de realizações interiores, que não são mensuráveis por padrões humanos, mas nem por isso, deixam de ser conquistas imperecíveis. Daí a importância da pauta devidamente organizada, elaborada para atender às necessidades de um ser integral, pois além de o homem ser um animal racional, moral, social, mamífero, bípede, bímano[29], com linguagem articulada, que está no primeiro lugar na escala zoológica, não pode ser esquecida sua condição de originário do mundo espiritual.

Quem se pauta levando em consideração o ser espiritual que é, aprenderá que a vida é um conjunto de princípios que resistem à morte. Uma escola da alma para a realidade maior; e Jesus, no seu Evangelho, nos deixa a pauta segura, tanto agora, como depois...

[29] Nota da Editora: que tem duas mãos (*Dicionário Houaiss*).

Temer ou Amar

Para você, que conseguiu corajosamente chegar até aqui, tenho algo que quero compartilhar contigo. Quando criança, eu nutria um medo muito grande de Deus, pois a imagem que me transmitiam, ou o que a minha fértil imaginação criava, não inspirava sentimentos nobres e elevados. Sentia-me vigiado, perseguido, sem privacidade e, em muitas ocasiões, pensava: será que Deus está aqui comigo? Qual será Seu julgamento a meu respeito? Como Ele saberá que eu existo? Haverá o fim do mundo?

Minha mãe mantinha, atrás da porta, uma ferradura para dar sorte e um crucifixo, para que, se o mundo acabasse, nenhuma coisa ruim nos atingisse.

Procurei muitos sacerdotes, mas as respostas que obtinha não me eram satisfatórias, deixavam-me profundas dúvidas e incertezas.

Quando meu avô desencarnou, ainda se fazia velório em casa. Eu ficava tentando entender o que tinha sucedido. No dia anterior, estive com ele, conversamos e, pela manhã, recebemos a notícia de sua morte. Enquanto se tomavam as providências de praxe; a preparação do corpo, a chegada do caixão, a colocação das velas... eu pensava que a qualquer momento ele iria se levantar dali e me pegar em seus braços. Mas é lógico que isso não ocorreu.

Após seu enterro, começou para nós uma época de muita preocupação e cuidado. Meu pai ficava acordado dia e noite, chamando meu avô, queria se suicidar para ir ao seu encontro. Digo a vocês que minha cabeça ficou confusa! Com cerca de 10 anos, eu me via perdido, com muitas perguntas, e as poucas respostas eram insatisfatórias. Tinha grande dificuldade para me encaixar em um contexto de vida tão caótico. Desde então, passei a olhar a vida sob a ótica perversa do medo.

Levava uma vida defensiva, isolada, sem abertura emocional. E ficava pensando: Daqui a 30 anos será o ano 2000; se for o fim do mundo como dizem, onde poderei me esconder? Haverá um refúgio seguro? Entre ir para o Céu ou para o Inferno, com certeza, já me via no segundo, com passaporte carimbado!

Mas havia uma válvula de escape, que era a leitura, pois desde pequeno, segundo minha mãe, eu pegava jornais e revistas e ficava "lendo" de cabeça para baixo.

Assim, aos 15 anos, caiu em minhas mãos um exemplar de *O Livro dos Espíritos*. Como leitor voraz, diante dele não perdi o apetite e ali começou uma reviravolta em minha maneira de compreender a minha existência. E o mais interessante, à medida que o lia, era como se o seu conteúdo, não me fosse estranho, suas perguntas eram as que eu sempre fizera, e as respostas eram tudo que eu precisava para saciar minha sede de Deus. Pois até ali vivera em um grande deserto de espiritualidade, e aquele livro surgia como um oásis, com potencial para transformar o deserto em uma floresta de pujante verdor!

Felizmente, o ano 2000 passou, os 30 anos também e aqui estou como você, leitor. A ferradura e o crucifixo já não estão atrás da porta, o passaporte para o inferno ainda não foi carimbado. E o mais importante: vivo hoje num estado de abertura emocional.

Minha relação pessoal com Deus tem hoje um padrão de qualidade afirmativo, um alto grau de racionalidade e afetividade consciente, bem diferente da que eu tinha com aquele Deus imaginário de minha infância.

Quando alguns irmãos dizem que a Doutrina Espírita é diabólica, fazem-no certamente por não terem tido a oportunidade de se debruçar sobre o seu conteúdo, ou se o fizeram, ficaram apenas na superfície do fenômeno, sem aprofundamento na filosofia, na ciência e na religião que contribuem para a emersão de nossa grandeza de Espírito imortal.

Quando lemos a primeira pergunta de *O Livro dos Espíritos*, "Que é Deus?", surge em nós um sentimento de respeito por Allan Kardec, que nos abre os portentosos portais da fé raciocinada, da fé esclarecida, da fé inabalável.

A resposta surge, brilhante e poderosa: "Deus é a inteligência suprema, causa primária de todas as coisas."

Tratando das causas primárias, a pergunta e a resposta nos remetem a um ponto único: Deus! Sendo Deus inclusivo, afirmamos categoricamente que não existe criatura fora da sua Lei, mesmo o mal que perdure milênios tem duração efêmera e passageira, pois o solvente universal, que é o Amor, nos nivela a todos, sem distinção.

Lancemos fora o temor a Deus e deixemos que o seu Amor permeie nossa vida, para que nossa pulsação existencial seja expansiva, dinâmica, positiva, contagiosa e irradiante.

Tem o "deus" que nos ensinam que é tão minúsculo como nós, mesquinho, exclusivista e egoísta. Tem o Deus, que é maiúsculo, que nos ensina com paciência, abundância e doação, pela escola pedagógica das vidas sucessivas, tendo a infinita longanimidade de nos disponibilizar, a mãos cheias, recursos para que aprendamos que a melhor alternativa é o Amor!

Existe o "deus" sobre o qual as pessoas conversam, colocando-o a seu serviço: "deus age por mim, deus se vinga por mim, deus castiga por mim, deus pune por mim, deus é minha testemunha, juro por deus." Mas o Deus que conversa conosco, trabalha conosco para que o melhor aconteça, age no Seu grande silêncio, sem estardalhaço, patrocina os caminhos do perdão, avança pelas rotas do esquecimento, concede no tempo e no espaço, reencarnações sem conta, é o fiador maior da felicidade, concede-nos empréstimos avultados, na luz da misericórdia infinita!

O "deus" que aprendemos a temer nos faz andar de cabeça baixa, coloca o dedo em riste no nosso rosto, estabelece o terrorismo espiritual, é colérico, irado, mal-humorado, implacável, inflexível, nos assusta, amedronta, aniquila. O Deus que aprendemos a amar é imutável, bondoso, justo, clemente, piedoso, inclusivo, cativante, empático, leal, compartilha conosco Seus dons, é uma fonte inesgotável de esperança, convida-nos a andarmos de cabeça erguida, mantém abertas as portas da regeneração individual!

Esse é o "deus" que está nas alturas, distante de nós, indiferente, alheio à sua criação, pouco participativo, vive num fechado círculo vicioso de alguns privilegiados. Mas como é agradável o Deus que participa do dia a dia. Sendo previdente, antecipa qualquer necessidade básica. Solícito, atende aos nossos pedidos de acordo com o mérito, atende até o que não vemos, cuida do que nem imaginamos, é um círculo virtuoso aberto, receptivo...

Há, portanto, o "deus" que nos ameaça com castigos infernais, suplícios eternos, torturas infinitas, pecado sem remissão, condenação sem apelação, martírio em um fogo sem fim, e o Deus que nos mostra o melhor caminho das oportunidades renovadas, da rota clara e iluminada, da segurança interior, dos alicerces confiáveis da sabedoria, da roda dos renascimentos redentores, da colheita da semeadura realizada, da fertilização do solo da vida pela irrigação das lágrimas, abençoadas pérolas de luz!

Sob qual dos dois estamos colocando o patrocínio de nossas vidas? Qual deles estará sendo nosso polo atrativo? Sobre qual dos dois estaremos erguendo os alicerces de nosso viver? Dentro de qual das duas óticas estaremos vendo o mundo? Sentimo-nos na menoridade ou na maioridade espiritual? Estamos deixando de lado o temor, ou ainda caminhamos sob sua tutela? Estamos dando expansão ao amor, deixando-lhe os portões do coração abertos? São pontos a ponderar.

Caso nos inclinemos para a alternativa de João Evangelista[30], quando ele diz: "Nós reconhecemos o amor que Deus nos tem e acreditamos nele. Deus é Amor: quem permanece no Amor, permanece em Deus, e Deus nele", estaremos em uma excelente posição para podermos afirmar, categoricamente, que um Deus, que é Amor, jamais poderia relegar ao abandono alguma de suas criaturas, qualquer que seja a sua manifestação, carnal ou espiritual; sendo irrelevante sua coloração religiosa; sendo dispensável qualquer rótulo externo. Se nós, imperfeitos como somos, procuramos dar aos nossos filhos proteção, amparo, auxílio, oportunidades, apoio, cobertura, guarida; o que não nos reservará Deus, dentro de sua prodigalidade infinita?

---

[30] 1ª Epístola, 4:16.

Cabe-nos a responsabilidade da consolidação da consciência de nossa imortalidade pessoal, que amplia generosamente nosso leque existencial e diversifica para melhor a aplicação de nossos potenciais pessoais. Eles são significativos, importantes. Ao se manifestarem, terão a marca de nossa digital espiritual, gratuidade do Criador, que não se repete em seu processo de Criação, fazendo-nos únicos.

Desenvolvamos uma relação adulta com o Criador, de cabeça erguida, com dignidade, nobreza, autoconsciência, autoconhecimento, autovalorização, favorecendo assim nosso sucesso existencial, tanto aqui como no além-túmulo.

Coloquemos nossos pés, mãos, coração, pensamentos, todo nosso ser, na consciência imortalista. Pois, sob o estandarte do amor, a linha vertical da espiritualidade surgirá deslumbrante. Viveremos na condição daquele que, sob o farol da Doutrina Espírita, "matou" a morte! Erradicou do nosso dicionário evolutivo tal palavra, substituindo-a por amor, amor, amor, pois se Deus é Amor, como somos sua criação, estamos impregnados de tal essência. Atentemos para a voz da Lei de Deus, que nos fala na consciência. Ela sabe o que diz!

Não se Esqueça

Os erros fazem parte do processo educativo de cada um de nós. Mas, quando palavras como fracasso, insucesso, asneira, imperícia, inabilidade, incompetência, trapalhada etc., se incorporam ao nosso vocabulário, estamos deixando de buscar inspiração no exemplo da pessoa de Thomas Edson, que respondeu a um jovem repórter que lhe perguntou como se sentia fracassando tantas vezes. Ele disse: "Eu nunca fracassei. Eu inventei a lâmpada. Isso aconteceu no passo de número 2.000 do processo".[31]

Se ele desse ouvidos para os críticos de plantão, a lâmpada com certeza não deixaria de ser inventada, mas

[31] Daniel Carvalho Luz. *Insigth*. Editora DVS, 1ª ed., pág. 82/83.

teríamos o seu beneficio adiado, por um tempo que não podemos calcular. O que sabemos é que basta apertarmos um interruptor para que ela se acenda. Aliás, nesses tempos modernos, com um sensor de presença, ela acende automaticamente.

Caso exista perto de você um portador de maus presságios, um profeta míope, que enxerga apenas o que está perto, fale para ele que, em 1962, quatro jovens músicos (nervosos logicamente) fizeram uma apresentação para os executivos da Decca Recording Company e que míopes de plantão os reprovaram, por acharem que grupo de guitarristas estava fora de moda. O nome do grupo: The Beatles.[32]

Compartilhe com eles a magnífica experiência de Alexander Graham Bell, que inventou o telefone em 1876. Quando ele fez uma demonstração para o presidente americano Rutherford Hayes, sabem o que ouviu? "É uma espantosa invenção, mas quem poderá querer fazer uso dela?"[33] Os aparelhos celulares são a mais eloquente resposta.

O poeta inglês John Milton ficou cego aos 44 anos, sabem o que ele fez? Com 60 anos escreveu o clássico *Paraíso Perdido*[34]. Essas são apenas algumas respostas para que, quando a síndrome do fracasso bater à porta de nossa alma, possa encontrar.

No dia 3 de outubro de 1804, na cidade francesa de Lyon, em uma família tradicional que se distinguia na

---

[32] Daniel C. Luz. *Op. Cit.*

[33] Daniel C. Luz. *Op. Cit.*

[34] Daniel C. Luz. *Op. Cit.*

magistratura e no foro, abre seus olhos para a vida material, Hippolyte Léon Denizard Rivail, que mais tarde adotaria o pseudônimo de Allan Kardec, um missionário do Cristo, que vinha implantar em nossa humanidade os pilotis da Era do Espírito.

Atendendo a reiterados convites de amigos, foi que o professor Rivail decidiu ir à casa da Sra. Plainemaison, assistir à "dança das mesas", ou "mesas falantes", nas quais um grupo de pessoas se colocava ao redor da mesa, sobre a qual deveriam pôr as mãos. A mesa se erguia suavemente, adquirindo movimento circular e, enquanto se recitava o alfabeto, ela dava uma pancada com os pés, toda vez que fosse proferida a letra que integrasse a palavra em formação. Tal fenomenologia chamou-lhe a atenção: havia realmente uma força atuando ali, mas o que era? Quem era? Uma mesa não tem cérebro, nervos, emoção, sensibilidade... – pensa ele. – Estaria presente ali uma alma?

Ele inicia sua extraordinária jornada de incursão ao reino do Espírito e compartilha conosco o resultado: a proclamação da vitória da Vida sobre a Morte; o ser metafísico (alma) continua sua trajetória no tempo e no espaço.

Como pioneiro, afrontou a selva da ignorância humana, críticas, desenganos, ataques, mas manteve-se firme na sua posição de timoneiro, conduzindo seu navio, mesmo no meio das mais vigorosas tempestades, conduzindo-o ao porto da vitória, permitindo que hoje possamos estar aqui juntos, buscando a aplicação das suas informações como bússola para nossos passos.

Os Beatles revolucionaram a música, Allan Kardec revolucionou nossa concepção sobre a Alma imortal; Alexander Graham Bell facilitou a comunicação entre os homens, Allan Kardec nos traz a telefonia do Além, entre desencarnados e encarnados, sendo que o telefone só toca de lá para cá, pois, sem a presença das almas, não se dá à conexão.

Thomas Edson inventou a lâmpada, tão presente em nossa vida, Allan Kardec levanta o véu da cegueira espiritual e traz luzes sobre a realidade do Espírito. John Milton nos revela o *Paraíso Perdido,* Allan Kardec retira os véus do *Céu e do Inferno,* e do Purgatório também.

São tantos os investimentos que a vida material nos solicita, que no capítulo da alma, deixamos muito a desejar, colocando-a muitas vezes em último plano, quando não, fora de qualquer cogitação, criando um quadro de subnutrição espiritual que se revela insuficiente na hora em que tais necessidades se tornam prementes.

Incorporemo-nos no exército das almas sensíveis, receptivas. Afinal, as sensações oriundas do meio externo nos falam algo mais: quem pensa, quem ouve, quem fala, quem tateia, quem tem paladar, quem enxerga, quem tem sensibilidade é a alma, não o corpo. Ele é um maravilhoso veículo, mas não é o condutor; assim como o automóvel não é o motorista; a obra não é o arquiteto; o médico não é o hospital; o professor não é a escola; o corpo trabalha para a alma. Pense nisso.

Fazendo parte de tal exército, podemos começar o nosso desenvolvimento como a alma do grupo, desempenhando um papel determinante ao nosso derredor, sendo um animador coletivo, um motor propulsor de renovação, um agente espiritualizador natural, sem fanatismo. Um facilitador de abertura dos canais da alma, para que a seiva da imortalidade circule nas engrenagens de muitas vidas.

A alma precisa de cantores que anunciem em alto e bom som que, se entregamos a alma a Deus, devemos nos considerar em boas mãos, amparados, protegidos, amados. Entrega pressupõe confiança, segurança íntima, certeza... Engrossemos o coral da Imortalidade Gloriosa!

As almas penadas são aquelas que, não dando valor às vozes dos cantores da vida infinita, quando desencarnam ficam vagando sem um endereço fixo, são os sem-teto da espiritualidade que, não entregando a alma a Deus, ficam por muito tempo entregues a si mesmos, até que se decidam pelo melhor, que está sempre disponível.

Caso as encontremos sob a denominação de alma do outro mundo, não nos assustemos, afinal o outro mundo é abastecido diariamente por elementos daqui oriundos, sem nos esquecermos de que um dia também estaremos na mesma condição.

Quando saímos do mundo espiritual para cá, no momento de nosso nascimento, na fila da vida, por instantes fomos o mais novo habitante do Planeta. À nossa frente, bilhões de seres reencarnados, gente a perder de vista. Infância, juventude, madureza, velhice... À medida que avançamos cada um desses estágios, vamos nos aproximando da linha de frente que é a desencarnação. Primeiro, alguns vazios se fazem presentes perto de nós, parentes, amigos, conhecidos, como se fosse um aviso para tomarmos medidas preventivas a favor de tal situação, surgindo aí o excelente material que a Doutrina Espírita nos disponibiliza para que tal transição se faça sob a luz da fé raciocinada, do sentimento esclarecido e da consciência tranquila.

Se voltarmos mais ricos do que quando de lá saímos, com uma bagagem encorpada pelas conquistas realizadas, entraremos de alma lavada, com dignidade íntima e consciência pacifica.

Facilitando o nosso ajustamento ao que nos traz o ditado popular "sua alma, sua palma" é o justo sistema de funcionamento das divinas leis, pois dentro do espírito de sequência que rege a vida, na faixa imediatamente pós-encarnação, seremos projetados onde existam reflexos com os quais temos afinidades.

Lancemos mãos a critérios qualitativos, dentro dos quais realizamos escolhas fundamentadas em parâmetros que também incluam a nossa origem e destino espiritual. Que essa inclusão seja convidativa para o bem viver, uma saudável posição de Espírito, uma disposição positiva para sair da zona de comodidade física, para darmos os primeiros passos na realidade metafísica.

Lembremo-nos da nossa condição de uma alma criada por Deus. Sua paternidade assegura para todos nós o fatalismo da per-

feição, mas quem constrói o caminho, somos nós, entrando e saindo do palco da vida, por meio da encarnação e desencarnação; embarque e desembarque, até o dia que tal não se faça mais necessário.

Última Morada

Tendo ido ao velório de um amigo, em um cemitério particular, onde as campas mais pareciam jardins, não havia mausoléus, mas simples lápides, onde estão inscritos a data da encarnação e da desencarnação, além de alguns dizeres, normalmente uma palavra de saudade, carinho, afeto, lembrança carinhosa...

As coroas de flores, foram chegando com dizeres alusivos ao acontecimento. Chegou a hora do enterro e, mesmo com todo aquele aparato externo, em que se procura atenuar o impacto de tal momento na vida de todos os que continuam encarnados, a propaganda da venda de jazigos passava a ideia de que ali era um local de repouso, descanso, a última morada, o ponto final de tudo o que era relacionado àquela pessoa. Os dizeres do cartaz eram mais ou menos assim: "Garanta um futuro tranquilo. Você não sabe quando chega a hora, e nós estamos aqui para ajudá-lo a torná-lo o melhor possível."

Dali, comecei a fazer uma viagem pelo pensamento, indo para o lado oposto. O cemitério de Vila Formosa, em São Paulo, é o maior da América Latina, com características bem diferentes, pois é público, mais simples, e os velórios são equivalentes às campas. Tem pequenas cruzes, e não há qualquer aparato para quando o corpo baixa à cova. Nesse momento, muitos pegam um punhado de terra e a jogam sobre o caixão, dizendo: "Que a terra te seja leve!."

A sua população é muito variada, vão para lá todos aqueles que não podem comprar ou alugar um jazigo, a grande maioria da população.

Há cemitérios que também são uma atração turística. Por exemplo, o da Consolação e o do Araçá, onde se encontram os restos mortais de pessoas famosas.

Mas será que o local onde se encontra o corpo fará alguma diferença para o Espírito desencarnado? A qualidade da urna funerária será significativa? A quantidade de coroas de flores que murcham terão um peso maior na qualidade dos sentimentos existentes em cada um? O processo de decomposição do corpo se faz de maneira diferente de um lugar para outro?

Muitos encaram a morte como um fim; outros, como passagem. Posturas que nos levam por caminhos diferentes, mas nossas informações sobre a vida pós-morte são distorcidas, desfocadas da realidade. Muitas superstições, mitos, fantasias, ilusões, conceitos teológicos infantis, que são sustentados há milênios começaram no dia 18 de abril de 1857, com o lançamento de *O Livro dos Espíritos,* a ser demolidos, pois, com a invasão pacífica dos Espíritos em nosso mundo, raiou para nossa humanidade o toque do clarim anunciando o alvorecer da Era do Espírito.

No capítulo 15 (Aprendendo Sempre) do livro *Obreiros da Vida Eterna*[35], encontramos uma abordagem enriquecedora, quando o grupo formado pelo assistente Jerônimo, padre Hipólito, Luciana e André Luiz, partem em direção à crosta para participar de cinco desencarnações. Após a desencarnação de Dimas, seguem o cortejo em número superior a 20 desencarnados.

André Luiz sofre a primeira surpresa: ao chegar ao campo-santo, observa uma verdadeira multidão de habitantes da esfera invisível, com posturas inadequadas. Espíritos perturbados, que atacam os corpos para extrair-lhe resíduos vitais, daqueles que, quando encarnados, não ativaram os recursos de autodefesa espiritual, tanto é que dizem: "Não adianta! É protegido..." .

Numa triste lembrança de que tais irmãos já envergaram a veste física, como nós hoje o fazemos, mostrando que, quando não somos leais filhos de Deus, criamos para nós quadros dolorosos. Esses Espíritos desequilibrados localizam-se em nossa faixa vibrató-

[35] *Op. Cit.*

ria, ombreiam conosco, e para que tais companhias se distanciem de nós, necessitamos do desenvolvimento daquilo que menos os agrada: virtudes, qualidades interiores autênticas.

Não são os cemitérios apenas depósitos de corpos, mas também uma esfera fervilhante de vida espiritual da mais variada gama. A realidade extrafísica é muito mais complexa do que possamos imaginar, superando em muito as melhores obras de ficção científica, e as escolas religiosas do Planeta ainda não conseguem enviar para o mundo dos Espíritos, adeptos conscientes, não atendendo às exigências do cérebro, nem aos anseios do coração.

É de bom tom que aproveitemos tais revelações, à feição de "fatos amigos"[36], como diz um psicólogo humanista, que tem seus aspectos positivos e benéficos, mesmo quando sua aparência não confirme, afastando o fantasma do medo, para que assuma em seu lugar a luz do conhecimento, para que as circunstâncias exteriores não prevaleçam sobre nós.

Continuando nossa excursão com André Luiz, ele se surpreende por encontrar Espíritos ainda ligados ao corpo físico, inabilitados temporariamente a exercerem sua cidadania espiritual. Ouvindo soluços, ele se aproxima de uma mulher sentada sobre a cova, que se lastima; quando ele lhe indaga o que sente, ela responde:

"– Não sabe? Oh! O senhor chama-me irmã... Quem sabe me auxiliará para que minha consciência

---

[36] Carl Rogers. *Tornar-se Pessoa*. Editora Martins Fontes.

torne a si mesma? Se é possível ajude-me, por piedade! Não sei diferençar o real do ilusório... Conduziram-me à casa de saúde e entrei neste pesadelo que o senhor está vendo.

Tentava erguer-se, debalde, e implorava, entendendo-me as mãos:

– Cavalheiro, preciso regressar! Conduza-me, por favor, à minha residência! Preciso retornar ao meu esposo e ao meu filhinho!... Se este pesadelo se prolongar, sou capaz de morrer!... Acorde-me, acorde-me!..."[37]

Temos aqui um quadro triplamente doloroso. Primeiro, a nossa irmã não percebe que se encontra no mundo espiritual, acreditando-se ainda encarnada; depois ela se encontrava naquela condição para o seu próprio bem, pois caso fosse libertada, sem melhoras íntimas, seria presa fácil dos irmãos desencarnados perturbados e infelizes. Finalmente, a ligação com o corpo é considerada algema benéfica, pois protege seu filho e o ex-esposo de suas vibrações desequilibradas.

Atentemos que ela era periodicamente procurada pelos visitadores, em tarefa de benefício, mas ainda não apresentava um quadro que favorecesse seu desligamento do corpo em desintegração, da qual sentia todo o processo. A nossa irmã é apenas uma representante desse vasto grupo, e cada um deles, que fosse ouvido, teria sua história para contar. Ainda muitos vivem na ilusão de que morreu, acabou. Mas, na realidade, morreu, continua.

---

[37] *Op. Cit.,* Cap. 15.

Essa informação nos abre um vasto campo de reflexão, quando estamos apoiados em um sólido materialismo, acreditamo-nos superpoderosos, e dispensamos as oportunidades que nos batem à porta, levando-as à conta de fraqueza, fragilidade, dispensando-as no jogo das aparências. Elas não nos parecem atrativas, interessantes, viáveis.

E o mais sublime: quatro companheiros, que ali estão domiciliados, ligados ao posto de assistência espiritual daquele cemitério. Cuidam das causas fundamentais das situações, não se prendendo às necessidades aparentes.

O guardião que encontrou André Luiz mostra outros irmãos vitimados pela loucura e lhe indica um senhor sentado sobre a própria cova, ainda ligado ao corpo carnal, que trazia na mente as imagens de moedas, letras, cifrões, cédulas, ainda estando ali, para justa proteção dos herdeiros:

"– Ai, meu Deus! – dizia. – Quem me guardará o dinheiro? Quem me guardará o dinheiro?

Observando a aproximação do grupo, rogava:

– Quem são? Querem roubar-me! Socorram-me, socorram-me!"

Sim, leitor amigo, temos aqui um retrato doloroso e comum na esfera extrafísica. Apego, visão reducionista de si mesmo e da realidade. Distorção da sua condição de Espírito Imortal.

Podemos considerar tal fato resultado da fixação na periferia do externo, com investimentos insuficientes no centro radioso que é o Espírito, que traz como consequência natural os vínculos de ligação e sintonia com os valores da matéria.

Nossa atual encarnação é uma bela oportunidade para que obtenhamos sucesso existencial, indo além do viver biológico.

Projetemos nossos ideais, objetivos, metas, esperanças, aspirações, desejos, leituras, relações, conversações, para além da realidade tridimensional (comprimento, largura e altura), para que, na próxima dimensão, possamos aportar em condições favoráveis.

Como conclui o guardião do cemitério: "Se há alegria para todos os gostos, há também sofrimento para todas as necessidades".[38]

---

[38] *Op. Cit.*, Cap. 15.

Respeitando a Sinalização

A sinalização marítima tem o código internacional do alfabeto por bandeiras, código Morse e leitura fônica, que é a arte de combinar os sons conforme as leis da acústica. As luzes emitidas pelos faróis, barcos luzes, pequenas torres e boias, caracterizam-se pela cor, tipo, ritmo e período.

A sinalização aérea, que se mostra de fundamental importância; a sinalização rodoviária, conhecida de todos nós e que abrange três tipos: a sinalização por placas (que podem ser apenas indicadoras ou ao contrário, obrigatórias) que previne o motorista especialmente sobre o que ele vai encontrar no caminho; a sinalização do solo, que delimita as vias na pista, por meio de faixas brancas, contínuas ou pontilhadas, auxiliadas por grandes setas pintadas no solo, indicando a direção a seguir e, escolhida a direção, a fila que deve ser tomada e a sinalização luminosa, que indica por meio de pontos de reflexão ou de pisca-piscas, obras ou outros perigos.

Nas grandes aglomerações, sinais luminosos de três cores controlam o tráfego: sinal verde: tráfego permitido; amarelo, parada, a não ser quando as condições de velocidade ou a pista molhada não permitam uma parada brusca e perigosa; vermelho: parada obrigatória. O sinal amarelo intermitente indica que não se tem preferência.

Pode ser que não prestemos atenção em tais elementos, mas na sua ausência, ou ignorância deliberada, temos um quadro amplamente favorável para que haja um acidente. Sendo portanto a sinalização um conjunto de sinais de trânsito instalados, dispostos, em uma cidade, rodovia, ferrovia, aeroporto, para dar a distância, informações gerais que orientam o usuário.

Quando, por exemplo, em uma cidade como São Paulo, tem uma pane no seu sistema de sinais luminosos (semáforos), instala-se o caos, manifestando-se uma desorganização no fluxo do trânsito, trazendo grandes transtornos ou, como dizemos, muitas dores de cabeça.

As sinalizações se fazem presentes para gerar bem-estar coletivo, prevenindo acidentes, desastres, tragédias.

Nós, que do ponto de vista evolutivo ainda estamos engatinhando, procuramos nos precaver, desenvolvendo medidas que protejam a coletividade, não poderíamos colocar em ação um plano que tivesse como objetivo o atendimento de nossa condição de Espírito imortal, em trânsito pela matéria? Não poderíamos dispor de um manual com informações gerais, para que, na condição de usuário transitório de um corpo material, pudéssemos sair um dia dessa condição, sem acidentes, transgressões, multas e desprezo às regras de bom convívio coletivo? Quantas "trombadas" não seriam evitadas, se cuidássemos da nossa sinalização interior? O que será que somos para além da sinalização das aparências? Quais estarão sendo as balizas de nossa vida? Apenas os limites dos cinco sentidos? As placas de advertência indicam o quê? Parada obrigatória? Sentido obrigatório? Siga em frente? Passagem obrigatória? Estamos na mão ou na contramão?

Na luz da vida imperecível, qual estará sendo a sinalização que ilumina os meus passos? O sinal verde: caminho livre; o sinal amarelo: parada com atenção; ou o vermelho: parada total?

A Doutrina Espírita coloca à nossa disposição, elementos que facilitam no trânsito da encarnação, para que quando fizermos a decolagem por meio da desencarnação, possamos fazer um voo livre.

Toda organização existente em nosso Planeta se deve à ação do Espírito, pois sem ele a matéria corporal não seria nada mais que "simples massa de carne sem inteligência, tudo o que quiserdes, menos um homem", como respondem os Espíritos na questão 136-b, de *O Livro dos Espíritos*.

Sinalizando-nos que podemos ter vida orgânica sem Espírito, mas um Espírito não pode habitar um corpo sem vida orgânica. Todos os filmes que mostram corpos se levantando de sepulturas, são apenas caricaturas do Espírito, que mais tem objetivo de gerar pavor, medo e pânico, do que esclarecimento real. São um sinal de que nossa relação com a espiritualidade beira à infantilidade, cabendo-nos a aquisição de instrumentos de clarificação, para que saiamos do invólucro incapacitador da ignorância e que sintamos o sinal da vida que pulsa em cada um de nós, em função do Espírito, Inteligência Pensante, Centelha Divina, para que mobilizemos nosso capital encarnatório dentro de balizas que nos guiem sob diretrizes seguras, tanto aqui na crosta, como também na dimensão próxima.

Que Michelangelo possa nos servir de inspiração, para que rasguemos o manto da ignorância. Certa vez lhe perguntaram, como fazia para criar obras tão magníficas:

"É muito simples – respondeu Michelangelo. – Quando olho um bloco de mármore, vejo a escultura dentro. Tudo que tenho de fazer é retirar as aparas."

As aparas são o corpo material e também uma procissão de acompanhantes como medos e culpas, indecisões e fragilidades que acabam sendo muitas vezes os fatores preponderantes para a nossa vida. Acabamos engolidos por eles, perdendo assim o sentido da vida, gerando a paralisia da vontade.

Mas se projetarmos nossos olhos mais além, veremos que a obra-prima está uma oitava acima e, quando decidimos tirar essas aparas, não duvidando de nossa capacidade, uma transformação se realiza, pois a escultura, que é o Espírito, encontra desde já condições favoráveis para sua manifestação em plenitude.

Uma visão integral a nosso respeito permite-nos a separação do joio do trigo, pois os Espíritos estão dando seus sinais na hora certa, fazendo o anúncio de que estamos na aurora da Era do Espírito, convidando-nos para tal banquete.

Façamos número dentre aqueles que ouvem os seus sinais, o toque da campainha interior, do sino da vida eterna, que vem nos convidar para participarmos de uma revolução sem armas, sem violência, sem prisões abarrotadas, sem vencedores ou derrotados, formando um exército invencível, pela convicção inabalável da imortalidade pessoal.

Em um dos trabalhos mediúnicos dos quais participamos, no Centro Espírita Aprendizes do Evangelho de Vila Manchester, travamos um diálogo muito interessante com um irmão desencarnado, que disse:

"– Quando estive encarnado entre vocês, passei ao largo de várias oportunidades de despertar em Espírito. Mas, vejam vocês, eu me sentia tão bem instalado na vida carnal, numa zona de conforto tão satisfatória, que acabei me embriagando, fiquei viciado, tornei-me dependente. Recebi muitos sinais, por meio de avisos diretos, indiretos, sonhos, alertas, recados, amigos me davam livros de presente, mas ao ver o assunto, deixava de lado, não queria virar "carola", "fanático." Hoje, vejo que fui um indiferente; ao perceber que o meu corpo não dava sinais de vida, fiquei sem chão. Tentava levantá-lo sem sucesso, senti todo o processo da decomposição. E sabe quem veio me ajudar? Minha ama de leite, toda iluminada, me pegou em seus braços e, quando acordei, estava em uma enfermaria de um posto de socorro, nas proximidades aí da crosta. Desejo que o meu relato seja útil para alguém, sei que muitos poderão considerá-lo uma fantasia; afinal, por que não despertei em vida? Tive tantas chances! Só posso dizer, escrevam uma história diferente, aproveitem o agora, para que o relato possa ser bem diferente. Orem por mim, é um bálsamo que suaviza as feridas da minha alma..."

Nosso irmão não se sensibilizou com os sinais que a vida lhe enviou. Que o seu exemplo seja útil para nossas reflexões. Que faça parte de nossas ponderações. Que seja um símbolo, para que, em nossa caminhada evolutiva, compreendamos os sinais que nos são emitidos.

Deixemos a condição de distraídos existenciais, realizando a corajosa transição, rumo a um estado de Espírito Sinal Verde.

Atentemos para a sinalização da vida, que o nosso respeito surja devido à reverência, ao acatamento dos divinos desígnios a nosso respeito. Pois é de grande importância que, ao retornarmos para o Além, encontremos o sinal verde da via espiritual livre.

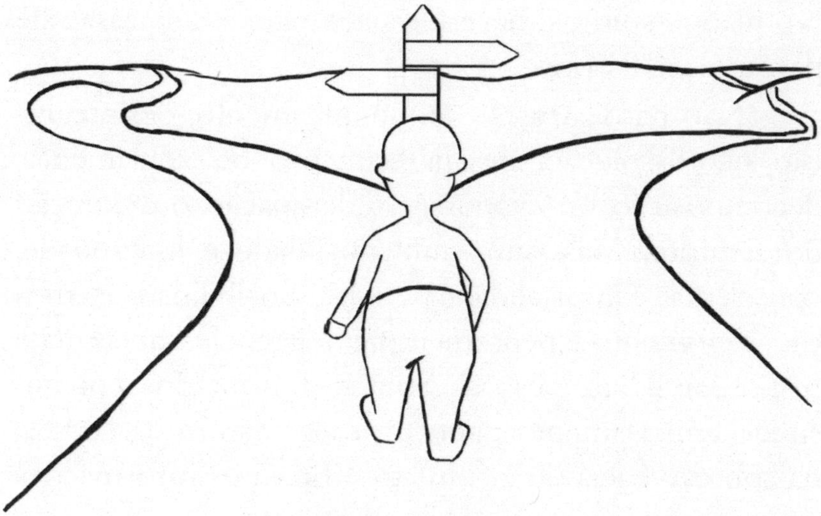

Responsabilidade Pessoal

Haverá um lugar onde se aloje a consciência culpada após o desencarne? Os delinquentes desenfaixados da carne, onde se localizam? Além dos processos penais humanos, estaremos subordinados aos códigos da Divina Justiça? Sendo a Vida Universal perfeita, como se corrigirão as transgressões realizadas por nós? Quais serão os artigos que constituem o Código Penal da vida futura? Existirá algum mecanismo de evasão? O arrependimento no leito de morte bastará para que estejamos quites com a consciência? As Leis Eternas serão burláveis? A corrupção encontrará na vida extrafísica sua continuidade? Bastará aceitar Jesus para que estejamos salvos? E as nossas ações, ficarão apagadas?

No plano espiritual haverá espaço para a concessão de passaportes falsos?

Não há destruição ou aniquilamento, desintegração ou dissolução, desaparecimento ou anulamento, decomposição ou evaporação, dissipação ou extinção do Espírito. Mas, sim, individualidade e integridade, consciência e imortalidade pessoal, sensibilidade e emoção, sentimento e pensamento, inteligência, sabedoria e responsabilidade pessoal. Somos defrontados por um sólido embasamento para o fortalecimento da certeza da sobrevivência do Espírito, e obtermos informações sobre a sua situação nesta condição.

Esse é um tema que se encontra sob o domínio das religiões, que aqui no Ocidente ainda conservam concepções que pouco contribuem para a espiritualização da consciência, gerando a indiferença, o terrorismo espiritual, a fé convencional e, por incrível que pareça, encontramos em psicólogos, terapeutas, psiquiatras, como Brian L. Weiss com seus livros *Muitas Vidas Muitos Mestres, Só o Amor é Real;* Elizabeth Kuble Ross, com seus livros *Morte um Amanhecer, Sobre a Morte e o Morrer*; Dr. Carl A Wickland que escreveu o clássico *Trinta Anos Entre os Morto*s, e muitos outros têm feito um trabalho respeitável, buscando abrir novas fronteiras para o ser humano.

A Doutrina Espírita oferece seu subsídio para aqueles que se disponham em encontrar um tratado de sociologia cósmica, abrangendo o ser humano físico, mental, emocional e espiritual, acomodando a dispersão que existe, sem opor matéria e Espírito, mas apresentando-os como duas facetas de uma mesma realidade, sem antagonismo ou oposição. O corpo e o Espírito não são inimigos, não se digladiam, mas se complementam e se harmonizam, pois todos os grandes enviados que estiveram entre nós envergaram tal corpo. Ele é um grande amigo do Espírito; se não sabemos utilizá-lo, não é por sua responsabilidade.

A expressão popular a "carne é fraca" não encontra respaldo nos fundamentos espíritas, pois é o Espírito o escultor do próprio corpo. O corpo é um agente do Espírito na vida carnal com suas tendências. Assim, quando vemos um prato de alimento da nossa predileção, é o Espírito, cuja sensibilidade é despertada, que atua sobre aquele órgão pelo pensamento. Quem diz que comete erros por fraqueza da carne, não encontra o mínimo respaldo na lógica e no bom senso. Como diz Allan Kardec, no capítulo VII, na primeira parte do livro *O Céu e o Inferno*: "A carne só é fraca porque o espírito é fraco...", caso tal situação não se resolva, persistirá a fraqueza do Espírito pós-desencarnação, trazendo-lhe sérias dificuldades, na adaptação, na vida social da espiritualidade.

Com relação às penas futuras, a Doutrina Espírita não parte de uma teoria preconcebida, mas da observação rigorosa das manifestações, tanto é que Allan Kardec assim se expressa:

"Trata-se, sim, de inúmeros exemplos fornecidos por Espíritos de todas as categorias, desde os mais elevados aos mais inferiores da escala, por intermédio de outros tantos auxiliares (médiuns) disseminados pelo mundo, de sorte que a revelação deixa de ser privilégio de alguém, pois todos podem prová-la, observando-a, sem obrigar-se à crença de outrem".

Temos aqui a demonstração positiva do consenso universal, que nos permite uma reflexão carinhosa sobre tal tema, sendo o *Código Penal da Vida Futura,* não uma obra pessoal de Allan Kardec, mas sim, uma dedução lógica de acuradas reflexões.

Muitos de nós podemos achar desagradável tal questão, assunto incômodo. Ignorá-lo ou estudá-lo poderá fazer uma significativa diferença, para melhor ou pior, em nossa responsabilidade pessoal.

Não há necessidade de um tribunal nos avaliando, pois nossa consciência é a guardiã da Lei de Deus. Somos uma constituição divina ambulante, ainda sem endereço fixo. Daí, nossa condição de Espírito errante, sujeito ainda a reencarnações. Somente os Espíritos puros são dispensados delas.

No capítulo 5 do livro *Ação e Reação*[39], há um relato comovente e alertador, para todos nós. Em visita à "Mansão da Paz" convidados, pelo assistente Silas, André Luiz e Hilário saem em um rápido passeio pelos arredores, aproveitam para estudar algo sobre os princípios de causa e efeito. Dirigem-se até onde estava Orzil, um dos guardas da Mansão da Paz em serviço nas zonas inferiores. Com ele, havia três desencarnados em plena situação de inconsciência.

---

[39] Francisco Cândido Xavier / André Luiz. Editora FEB.

Primeiro, o irmão Corsino, que continuava com seu pensamento ligado totalmente ao corpo no sepulcro, mantendo a ideia fixa na herança que perdeu ao desencarnar: grande quantidade de ouro e propriedades. Trazendo em sua tela mental as formas-pensamento de seus três filhos, que administraram tóxicos à madrasta, até que ela fosse internada em um manicômio. Ele os envolvia em vibrações de ódio e vingança, ainda com a ideia de reaver seu dinheiro.

O segundo, era um homem triste, cabeça entre as mãos e os olhos fixos em parede próxima. Da tela viva da sua mente, em uma noite enluarada, na rua de uma grande cidade, ao volante de um carro, perseguindo um transeunte bêbado, até matá-lo sem piedade e dizia:

"– Não há testemunhas... Não há testemunhas!... Não fui eu quem atropelou o infeliz, não obstante o odiasse com razão... Que pretendem de mim? Denunciar-me? Covardes! Espreitavam-me, então, a rua morta?"

O terceiro que se encontrava envolvido por sua emanação mental, que construiu um quadro deprimente, mantinha um bordel onde explorava as mulheres em todos os sentidos.

Encontramos aqui um quadro elucidativo. Três tipos de alma que não deixaram belos quadros atrás de si na vida carnal, sem atenuantes. O primeiro, mantendo ondas de pensamentos de ódio e egoísmo, em sintonia com os filhos. O segundo, mesmo inocente ante os códigos da justiça do mundo material, não tinha o que lhe amenizasse as ondas do remorso. O terceiro reabsorve as ondas do seu próprio hálito mental, enriquecido por outras tantas ondas mentais, que se agregam à sua, por onde quer que ela passe.

Temos aqui apenas três exemplos, para que sintamos que é de grande valor o desenvolvimento de nossos potenciais imortais.

As suas situações se encaixam perfeitamente dentro do que está estabelecido pelo *Código Penal da Vida Futura*[40], que em seus 33 artigos, fruto da observação dos fatos, nos trazem uma gama rica de ponderações, para nossa análise e reflexão. É um documento do mais alto teor de qualidade. Não alimenta fantasias, ilusões. Ele é assim:

"Em que pese à diversidade de gêneros e graus de sofrimentos dos Espíritos imperfeitos, o Código Penal da Vida Futura pode resumir-se nestes três princípios:

1º — O sofrimento é inerente à imperfeição.

2º — Toda imperfeição, assim como toda falta dela promanada, traz consigo o próprio castigo nas consequências naturais e inevitáveis: assim, a moléstia pune os excessos e da ociosidade nasce o tédio, sem que haja mister de uma condenação especial para cada falta ou indivíduo.

3º — Podendo todo homem libertar-se das imperfeições por efeito da vontade, pode igualmente anular os males consecutivos e assegurar a futura felicidade.

[40] *O Céu e o Inferno*, 1ª parte, cap. VII.

A cada um segundo as suas obras, no Céu como na Terra: — tal é a lei da Justiça Divina."

Deixando claramente evidenciada a nossa responsabilidade pessoal, condição intransferível, Imortalidade Pessoal, herança Divina. Trazendo ainda o adicional dos níveis de consciência existentes em nossa humanidade, que se mostram por manifestações com características dos Espíritos imperfeitos, cuja principal evidência é o predomínio da matéria sobre o Espírito, que tem como resultado imediato um abafamento dos valores espirituais, funcionando assim o *Código Penal da Vida Futura*, como elemento interno de cada um de nós.

Ele nos traz um remédio que não tem contraindicação, que é a vontade: agente poderoso para reverter quadros desequilibrados e patrocinar situações de conteúdo qualitativo, para que, desde já, construamos os pilotis da felicidade.

Quando dizemos que a morte não é o ponto final, apenas um ponto-e-vírgula, levamos em consideração as imperfeições que ainda nos dominam. Não percamos de vista que não há milagres, modificações repentinas. Em qualquer das duas faces da vida mais próximas de nós: encarnação e desencarnação, levaremos e traremos os valores que componham nossa bagagem de responsabilidade pessoal.

Daí a necessidade de buscarmos caminhos que nos conduzam gradativamente para a perfeição. Deixemos a terceirização de nossa vida de lado. Assumamos a direção do barco. Levantemos a âncora da materialidade ilusória para que singremos os mares da vida, construindo uma trajetória invejável, tanto aqui, como lá, na próxima dimensão.

Nunca nos arrependeremos do que fizermos para nossa educação do Espírito, na luz da pedagogia imortalista espírita, divino farol a clarear nosso caminho desde já, para que nos inscrevamos na categoria dos bons Espíritos, cuja principal característica é o predomínio do Espírito sobre a matéria.

O código penal da vida futura se transforma na adequação individual à Lei de Deus presente em nossa consciência, no exercício da lei do amor, na qual os parâmetros íntimos estabelecem as balizas existenciais.

Ouropel

"Os discípulos se reuniam somente com uma esperança – a da ressurreição –, que se não houvesse, tudo estaria por terra; o Evangelho seria igualmente esquecido.

A fé, porém, vibrava nos corações de muitos, como chama divina da Divina Chama, e Maria, mesmo na espera da ressurreição do seu Mestre, não esqueceu as promessas, não ficou em casa perdendo tempo, pensando no que deveria acontecer. Naqueles dias de espera, foi em busca das mães aflitas, dos velhos sem teto e das crianças órfãs, orando muitas vezes ao dia, mas andando e servindo.

No terceiro dia, como Jesus havia anunciado, Maria Madalena passou a noite na casa de uma das suas companheiras de trabalho, de estudo e de mudanças, e na madrugada, sentiram vontade de visitar o Mestre em seu túmulo. Chegando lá, este estava vazio, e dois anjos do Senhor lhes disseram:

– Quem procuram não está. Ressuscitou, como afirmou para todos os seus discípulos.

Elas, assustadas, saíram para avisar os apóstolos. E já no caminho abriu-se uma flor no espaço vazio, de tamanho descomunal, com o sol já beijando a natureza em festa. E de dentro desta rosa saiu o Mestre dizendo:

– A paz seja convosco!

Maria Madalena ajoelhou-se. Salomé, mãe de Tiago e João, também. E outras tantas, não suportando a luz saíram correndo para anunciar, às criaturas, a volta do Divino Mestre.

Madalena avançou para aproximar-se mais de Jesus, que desceu rente ao chão, sem tocá-lo com os pés. Ela quis beijá-los, chorando de alegria e de felicidade, e Ele mesmo, mansamente disse no mesmo tom do seu canto:

– Filha! Não me toques por agora, ainda não fui ao Pai. Voltei para dizer aos meus filhos, a todo meu rebanho, que a morte não existe. Vai e anuncia a todos que queiram ouvir, que estarei na frente de todos que escutaram a minha palavra, e que estão despidos das maldades humanas, do ódio, do orgulho e do egoísmo, da maledicência e do apego às coisas materiais, que somente o amor salva e tem o poder de dar vida aos que amam."

O Espírito Shaolin, pela mão do médium João Nunes Maia[41], oferece-nos o perfume da beleza de que está revestido o ressurgimento de Jesus. De maneira categórica, temos a confirmação da imortalidade da Alma, para que consolidemos em nossa consciência o conceito da imortalidade pessoal, que associada ao conceito espírita "nascer, morrer, renascer ainda e progredir sempre tal é a Lei", abre-nos perspectivas imensas para que nos sintamos seguros em nossa jornada encarnatória. Solidifica em nosso sentir, pensar e agir a sequência natural do processo da vida, que se desdobra em dimensões infinitas, além da face grosseira que vivemos aqui na superfície do Planeta. Na tridimensionalidade, temos as diversas faixas vibratórias extrafisicas, que se acham acima e abaixo de nós, onde estagiam desencarnados que com elas se afinam.

Jesus, profundo conhecedor das Leis que regem a vida universal, em seus ensinamentos nos disponibiliza um rico ferramental, para que obtenhamos êxito em qualquer dimensão que estejamos.

A nossa bagagem chega antes que nós no mundo espiritual. Ao "desembarcarmos" ali, imediatamente tomamos posse do que nos cabe de direito. A qualidade é por nós determinada.

Chico Xavier, missionário do Cristo, dá-nos uma dica: ele não tinha medo da morte, mas contava uma

[41] *Jesus Voltando*. Editora Fonte Viva.

história muito curiosa. Em novembro de 1958, o avião em que viajava para Belo Horizonte entrou numa zona de grande turbulência e o aparelho passou a jogar muito, parecendo descontrolado. O comandante teve de ir até os passageiros para acalmá-los, dizendo que aquilo era normal, que tudo estava sob controle. Não adiantou. Pessoas rezavam, crianças choravam, e até o médium começou a orar, quase gritando: "Oh! Deus, tende piedade de nós!." A essa altura, ele viu Emmanuel entrar no avião e perguntar a razão da gritaria. Chico respondeu: "Estamos em perigo... Será que chegou a minha hora?" E Emmanuel: "Não sei se está na hora da sua desencarnação, mas se você acha que é assim procure morrer com educação, sem aumentar a aflição dos outros." A reprimenda, contava o apóstolo de Uberaba, foi o bastante. Ele se tranquilizou, e logo depois a aeronave voava sem balançar.[42]

Educação para a morte, eis um tema que merece da nossa parte uma análise ponderada, uma aplicação inteligente dos nossos recursos íntimos, como abençoadas âncoras para que o navio da nossa existência mantenha o rumo com estabilidade.

A Doutrina Espírita nos oferece o mais completo curso de educação para a morte, iniciando nosso processo educativo, desde a vida carnal nas lições do cotidiano, nos passos do dia a dia, sinalizando-nos a importância da orientação transmitida pelo Espírito de

[42] Marcel Souto Maior. *As vidas de Chico Xavier*. Editora Planeta.

Verdade: "Espíritas! amai-vos, este o primeiro ensinamento; instruívos, este o segundo".[43]

Eis uma combinação harmoniosa do sentimento educado e da razão esclarecida. Que emparelhados nos ofertam um manancial de possibilidades, subordinados à "chave de ignição" da vontade, ativando assim os recursos infinitos de que somos detentores por herança Divina.

Quem muito ama, expande sua linha vertical de ligação com o Pai Criador e toda sua obra. Sintoniza-se facilmente com aqueles que estão ao seu derredor, tem motivações amorosas para estabelecer relações sólidas. Tem motivações consistentes para estender seus laços afetivos além do horizonte familiar, e pensa: "Pode ser que esse mendigo seja um membro da minha família espiritual, eu o tratarei de forma humana para que mais tarde não venha a me arrepender. Quem sabe, quando eu desencarnar, não será ele que virá me recepcionar."

Sob o prisma do Espiritismo, nossa educação supera as barreiras transitórias da materialidade, indo além, criando abençoadas pontes nas quais transitam sentimentos, pensamentos e ações, gerando o magnífico processo de mão dupla, que é a troca.

A instrução Espírita ajuda na formação de um rico acervo de conhecimentos, informações e orientações, que colaboram na metamorfose espiritual do nosso sentir, oferecendo elucidações sobre o nosso pensar e diretrizes seguras para o nosso agir.

---

43 *O Evangelho segundo o Espiritismo*, cap. VI, item 5

Favorecendo a digestão e assimilação de conceitos e ideias libertadoras, renovadoras da nossa concepção existencial, alargando em muito a bitola do nosso viver.

Tendo como principal ferramental o livro, que graças a Johannes Gensfleisch Gutenberg hoje se dissemina pelo mundo, a Doutrina Espírita se firma como um ponto de referência, no qual o livro surge como alicerce fundamental para nossa habilitação espiritual.

Não nos acanhemos em mergulhar nesse mar de sabedoria, que atendendo a todos os gostos, tendências, necessidades e capacidades, coloca à nossa disposição mais de 4 mil títulos, que vão desde obras espíritas, científicas, filosóficas, religiosas, morais, infanto-juvenis... até espiritualistas, autoajuda, etc. Seja adquirindo em livrarias, emprestando em bibliotecas, emprestando de amigos, comprado em sebos, sacie a sede de saber. Adquira tal hábito, desenvolva-o, cultive-o, ler faz bem à saúde e ao Espírito.

Nós, ocidentais, temos uma educação deficiente para a morte. Existe um grande aparato para cuidar do corpo perecível, indo desde as urnas para acondicionar os corpos, que tem seu preço regulado pelo luxo e acabamento, às caras coroas de flores, até a compra de um jazigo, gerando muitas vezes dívidas de longo prazo.

Mas os bastidores agora são o mais importante, pois o que importa é a condição do Espírito que por alguns anos esteve domiciliado naquele corpo. As credenciais que o habilitarão ou não para a cidadania espiritual. Caso a sua transição tenha se dado pelas vias da consciência tranquila, que o levará a ser um elemento integrado em tal sociedade, pois suas aquisições serão cambiáveis no plano espiritual.

Muitas vezes nos perdemos em acessórios, mas com grande deficiência no essencial. Segundo Chico Xavier, 75% de nós, quando desencarnamos, perambulamos um bom tempo aqui pela crosta, e apenas 25% nos habilitamos para outras faixas da dimensão próxima. Significa que fazemos um grande desperdício encarnatório, jogando fora oportunidades de ouro e adquirindo ouropel que tem um falso brilho, uma aparência enganosa, a qual nos leva a um estilo de vida que encobre a pobreza de ideias e se revela insuficiente para nos patrocinar uma transição tranquila.

Quando nos enredamos nas teias do supérfluo, que é um ouropel que nos mantém cativo do apego, aniquilamos belas possibilidades de multiplicarmos bênçãos. Atentemos à mensagem de Emmanuel[44]:

"O Supérfluo

Por toda parte na Terra, vemos o fantasma do supérfluo enterrando a alma do homem no sepulcro da aflição.

Supérfluo de posses estendendo a ambição...

Supérfluo de dinheiro gerando intranquilidade...

Supérfluo de preocupações imaginárias, abafando a harmonia...

Supérfluo de indagações empanando a fé...

---

[44] Francisco Cândido Xavier / Emmanuel. *Plantão da Paz*. Editora GEEM, cap. 12.

Supérfluo de convenções expulsando a caridade...

Supérfluo de palavras destruindo o tempo...

Supérfluo de conflitos mentais determinando a loucura...

Supérfluo de alimentação aniquilando a saúde...

Supérfluo de reclamações arrasando o trabalho..."

Entretanto, se o homem vivesse de acordo com as próprias necessidades, sem exigir o que ainda não merece, sem esperar pelo que não lhe cabe, sem perguntar fora de propósito e sem reprovar nos outros aquilo que ainda não retificou em si mesmo, decerto, a existência na Terra estaria exonerada de todos os tributos que se pagam diariamente à perturbação.

Se procuras no Cristo o Mentor de cada dia, soma as tuas possibilidades no bem, subtrai as próprias deficiências, multiplica os valores do serviço e da boa vontade e divide o amor para com todos, a fim de que aprendas com a vida o que te convém realmente à própria segurança.

O problema da felicidade não está em sermos possuídos pelas posses, quaisquer que elas sejam, mas em possuí-las, com prudência e serenidade, usando-as no bem de todos que é o nosso próprio bem. Alija o supérfluo de teu caminho e acomoda-te com o necessário à tua paz. Somente assim encontrarás em ti mesmo o espaço mental indispensável à comunhão pura e simples com nosso Divino Mestre e Senhor.

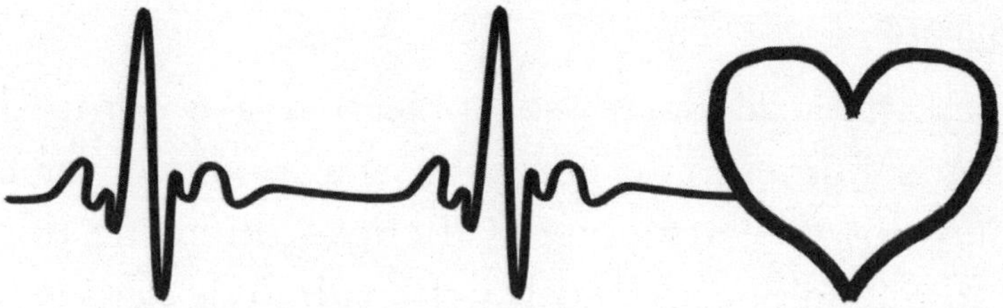

Pulsação do Coração

Logicamente que não tenho a intenção de incentivar, a quem quer que seja, o cultivo da indiferença para com os laços afetivos da presente encarnação. Busco oferecer subsídios para que, na condição de indivíduo, desenvolvamos, da melhor maneira possível, nossa transição, que tem todas as peculiaridades pessoais. Mas a Doutrina Espírita, em sua abrangência, leva em consideração também a transição dos corações que se encontram em nossa órbita emocional. Ela torna nossa dor um fardo leve e suave. Transição essa que nos atinge em qualquer quadra da vida, indo desde a mais tenra infância, até existências centenárias.

Dependendo do arsenal íntimo que dispusermos, tal transição será colorida ou não. O ponto de vista que representa o prisma pelo qual sentimos a vida nos abastecerá de revolta e amargura, ou então compreensão e aceitação.

A Pulsação de nosso coração terá o ritmo dos nossos sentimentos e emoções, que poderão ser desordenados ou harmoniosos. Reflexo direto de nosso cosmo mental, que se revela pelo padrão de pensamento por nós cultivado ao longo da presente encarnação. Resultado do nosso pensar, sentir e agir.

Quanto mais materialista for nosso ponto de vista, mais nos veremos perdidos nos labirintos da dor e da perda, que nos dificultam os acessos às fontes da consolação. Se mais espiritualizado for o nosso ponto de vista, a transição será amenizada, facilitando o acesso aos pés leves da consolação.

No dia 5 de julho de 2004, Tânia, mãe e avó, Roberta, filha e mãe, e Malú, filha e neta, tinham um encontro marcado, com certeza desde antes da presente encarnação.

Aquele dia representa uma virada, tanto na vida delas, como na de todos aqueles que tiveram a oportunidade de compartilhar de suas existências. Tive momentos de contato com as três, e posso afirmar que são três pessoas encantadoras, abertas, amigas, carinhosas, afetivas, despidas de preconceitos.

O retorno delas para a pátria de origem de todos nós ocorreu por meio de um ônibus que as atingiu em pleno passeio público, tendo a Roberta e a Malú desencarnado na hora, e a Tânia alguns dias depois.

Os seus familiares distribuíram uma mensagem que nos exemplifica o quanto podemos nos fortalecer, diante de uma desencarnação, que no caso em curso, foi tríplice, quando nos colocamos sob o guarda-chuva seguro da Doutrina Espírita, atentemos ao seu conteudo:

"Agradecimento aos amigos:

Nós, familiares de Tânia, Roberta e Malú, agradecemos de coração a todos pelo apoio, energia e vibrações que estamos recebendo.

Sabemos que a separação é inevitável, mas a brusca partida da Tânia, da Roberta e da Malú nos pegou de surpresa, deixando nossos corações em pedaços.

Tivemos a oportunidade e o privilégio de convivermos com Espíritos maravilhosos e especiais que só nos trouxeram alegrias.

Deus é justo e nada acontece sem seu consentimento, conforme podemos observar em trechos do item 21, do capítulo 5, de *O Evangelho segundo o Espiritismo*:

`Quando a morte vem ceifar em vossas famílias, levando sem consideração os jovens em lugar dos velhos, dizeis frequentemente: Deus não é justo, pois sacrifica o que está forte e com futuro pela frente, para conservar os que já viveram longos anos(...) Por que medir a justiça divina pela medida da vossa? Podeis pensar que o Senhor dos Mundos queira vos infligir penas cruéis?

Nada se faz sem uma finalidade inteligente, e tudo o que acontece tem a sua razão de ser. Se perscrutásseis melhor todas as dores que vos atingem, sempre encontraríeis nelas a Razão Divina, Razão regeneradora, e vossos miseráveis interesses representariam uma consideração secundária, que relegaríeis ao último plano.

(...) A morte prematura é quase sempre um grande benefício, que Deus concede ao que se vai, sendo assim preservado das misérias da vida (...) Aquele que morre na flor da idade não é uma vítima da fatalidade, pois Deus julga que não lhe seria útil permanecer maior tempo na Terra.

(...) Vós que compreendeis a vida espiritual, escutai as pulsações de vosso coração, chamando os entes queridos. E se pedirdes a Deus para os abençoar, sentireis em vós mesmos a consolação poderosa que faz secarem as lágrimas e essas aspirações sedutoras, que vos mostram o futuro prometido pelo Soberano Senhor.´

Devemos aceitar que aquele que parte acabou sua tarefa e aquele que fica talvez nem tenha começado.

O momento é de profunda tristeza, mas devemos nos fortalecer; ter muita fé e esperança.

Agradecemos em nome de todos os familiares.

Que Jesus abençoe a todos!."

Aqui temos uma pequena demonstração do quanto existe de maravilhoso e de belo na intimidade de todas as criaturas, pois mesmo quando atingidos pela dor, podemos amenizá-la com a certeza de que o Espírito sobrevive a toda e qualquer situação, e o corpo que fere os nossos sentidos não é a sua mais bela manifestação, mas sim funciona como um belo instrumento evolutivo.

Nós não somos o corpo, estamos nele. Nossa condição de Espírito encarnado nos sinaliza que existe todo um período pré-encarnatório e toda uma certeza pós-encarnatória e, acima dessas duas fases, a vida sem fim da imortalidade pessoal.

Não temos poder para alterar os fatos já acontecidos, ainda que fiquemos rondando os cemitérios, levando flores, vertendo o pranto da saudade tortuosa, vestindo luto por dentro, trancando a pauta da vida com a amargura, obstruindo o fluxo da vida que continua, tanto para quem vai como para quem fica. Tais atitudes são inócuas, pois apenas aumentam nosso lastro de sofrimento, que corre por nossa conta.

Mas quando colocamos nossos pés na Era do Espírito, seja involuntariamente, pela transição de um ente querido; seja voluntariamente, motivados pela curiosidade, pela sede de saber e entender, pela busca de respostas, um panorama renovado surge diante de nossos olhos.

É o maravilhoso espetáculo da vida sem fim, dos diversos estados da consciência. Das moradas infinitas nas diversas faixas vibratórias da sobrevivência do Espírito, da conservação da individualidade pessoal de cada um de nós. Uma pulsação diferenciada para o nosso coração, fazendo com que seus movimentos e sensações sejam regulamentados pelo padrão do amor imbatível em todas as circunstâncias ou fatos, acontecimentos ou situações.

Quando formos visitados, pelo retorno de um ente amado para a verdadeira vida, existem duas forças que, devidamente assimiladas, nos permitirão a manifestação da força de Espírito.

Mais uma vez *O Evangelho segundo o Espiritismo* nos socorre, em seu capítulo 9, item 8: "A doutrina de Jesus ensina, em todos os seus pontos, a obediência e a resignação, duas virtudes companheiras da doçura e muito ativas, se bem os homens erradamente as confundam com a negação do sentimento e da vontade. A obediência é o consentimento da razão; a resignação é o consentimento do coração, forças ativas ambas, porquanto carregam o fardo das provações que a revolta insensata deixa cair. O covarde não pode ser resignado, do mesmo modo que o orgulhoso e o egoísta não podem ser obedientes."

Caso tais virtudes estejam em baixa na nossa bolsa de valores pessoal, façamos um esforço para promovê-las ao seu justo lugar: no pódio das atitudes vencedoras. Obediência e resignação são potenciais que patrocinam uma pulsação do coração, em harmonia com as Leis estabelecidas pelo Todo Sábio, que jamais se contradiz com seu primeiro artigo, pois tudo o mais que existe, tanto na dimensão física quanto na extrafísica, é para explicá-lo: o Amor.

Jesus, com a sua volta, trazendo as marcas da cruz, é a mensagem gloriosa de que a morte não tem mais seu aguilhão, convidando-nos à leveza de Espírito, à confiança no Pai Misericordioso. A morte não existe, apenas a vida!

Ou seja:

A morte não é o ponto final.
Apenas um ponto-e-vírgula!

Aliança

Outras Obras do Autor

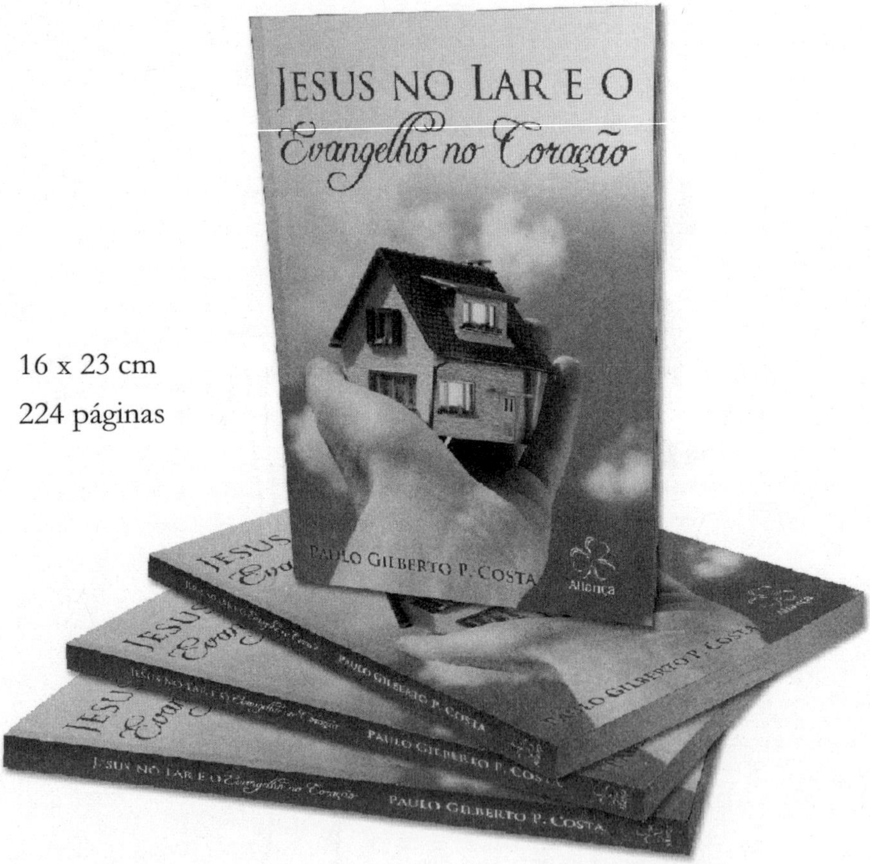

16 x 23 cm

224 páginas

Dando sequência à série de obras voltadas à transformação moral e espiritual do ser humano, o autor aborda neste livro o importante hábito de se praticar o Evangelho no Lar.

Outras Obras do Autor

Aliança

14 x 21 cm

224 páginas

Esta obra aborda, de forma inteligente e criativa, o complexo tema das relações familiares, mostrando que o lar é umas das mais importantes frentes de trabalho para o desenvolvimento espiritual do ser humano.

Aliança

Outras Obras do Autor

14 x 21 cm

192 páginas

Nesta obra, o autor faz interessante convite para que coloquemos em prática o benefício das virtudes, a fim de trazermos excelência em qualidade à nossa experiência encarnatória.